Ludwig Cohn

Die Grundsätze über den Tatbestand der Verbrechen und der heutige Gattungsbegriff des Versuches

Elibron Classics
www.elibron.com

Elibron Classics series.

ISBN 0-543-76740-X (paperback)
ISBN 0-543-76739-6 (hardcover)

This Elibron Classics Replica Edition is an unabridged facsimile of the edition published in 1889 by Wilhelm Koebner, Breslau.

Die Grundsätze

über

den Thatbestand der Verbrechen

und

der heutige Gattungsbegriff des Versuches

von

Dr. Ludwig Cohn,

Rechtsanwalt und Notar zu Breslau.

Breslau.

Verlag von Wilhelm Koebner.

1889.

Inhalts-Verzeichniss.

Nach der Publikation des I. Bandes meiner Lehre vom versuchten und unvollendeten Verbrechen bin ich in die Praxis zurückgetreten. Meine Hoffnung, das Werk unbeschadet der Ausübung meiner Berufsthätigkeit vollenden zu können, hat sich nicht erfüllt. Inzwischen habe ich die schwersten Niederlagen erlitten. Ueberwiegend hat die Kritik über meine Schrift ein abfälliges Urtheil gesprochen[1]) und, das Reichsgericht hat mit seiner Autorität die Sentenz indirekt bestätigt, indem es über die objective Theorie, deren Lehren fortzuentwickeln ich bestrebt war, den Stab gebrochen hat. Nichtsdestoweniger erkläre ich mich nicht für überwunden, wenngleich für überwältigt. Daraus schöpfe ich zugleich den Muth, meine Gegner noch einmal zu einem Waffengang mit mir aufzufordern, zu einem Kampfe — darüber will ich mich nicht täuschen — auf Leben und Tod.

§. 1.

Der Begriff des Versuches.

In meiner Monographie hatte ich bereits darauf hingewiesen, dass die Wissenschaft den Missgriff begangen hat, den von den italienischen Praktikern aufgestellten Begriff des Versuches, dessen Constitutivmerkmale sich aus den drei Bestandtheilen: cogitare, agere, et nec perficere oder wie wir uns heut zu Tage der Sache nach identisch ausdrücken: Ent-

[1]) Anderer Ansicht namentlich Berner: Lehrbuch des deutschen Strafrechts (11. Auflage Seite X), der vielleicht in seinem Lobe mit mildem Urtheil zu weit geht.

schluss, Bethätigung des Entschlusses und Mangel der Vollendung, zusammensetzten, ohne die Rechtswohlthat des Inventars zu übernehmen. Die befremdliche Erscheinung, dass man damit von einem Begriff ausging, der alle Delikte des positiven Rechtes umfasste, in seiner Anwendung aber das Gebiet, das er für sich in Anspruch nahm, nicht deckte, wurde dabei ignorirt.[2]) Wir werden daher, wollen wir aus einer von Anderen gemachten Erfahrung Nutzen ziehen, vorsichtiger den entgegengesetzten Weg einschlagen. Wir werden somit zunächst untersuchen, wie weit das Gebiet des Versuches reicht, und erst dann, wenn es uns gelungen ist, dasselbe abzugrenzen, an die Begriffsentwickelung herangehen — eine Methode, welcher zugleich der Vorzug der grösseren Rationalität gebührt, indem wir nicht im Stande sind, einen Begriff zu finden, so lange wir nicht das Gebiet kennen, innerhalb dessen wir ihn zu suchen haben. Deshalb stellen wir die Frage: Ist der Versuch bei allen Delikten denkbar? an die Spitze unserer Erörterung.

Man könnte leicht geneigt sein, unserem Unternehmen von vornherein die ungünstigste Prognose zu stellen; denn nahe genug liegt die Erwägung, dass, da jedes Delikt Handlung und auch von uns der Begriff des Versuches als gegeben vorausgesetzt sei, die Antwort um ihrer dadurch bedingten Einheitlichkeit willen, im bejahenden Sinne ausfallen müsste. Allein der Schluss wäre nur dann begründet, wenn seine Voraussetzung, dass verbrecherische That und Verbrechen identisch wären, zuträfe. Dies ist jedoch keineswegs der Fall. Das Delikt ist zwar immer Handlung, allein nicht immer ist mit der That der Thatbestand eines Verbrechens erschöpft.[3])

---

[2]) Cohn: Zur Lehre vom versuchten und unvollendeten Verbrechen. S. 110 fg. S. 120 fg.

[3]) In diesen Fehler ist augenscheinlich der unbenannnte Verfasser des Aufsatzes „Zur Lehre vom untauglichen Versuch" in Goltdammer's Archiv Bd. XXXVI S. 35 verfallen, indem er die Frage: Ist der Versuch bei allen Verbrechen denkbar mit der Frage: Ist der Versuch bei allen Deliktshandlungen denkbar? derart identificirt, dass er den Vordersatz,

Fassen wir nämlich den Thatbestand der verschiedenen, uns in einem beliebigen positiven Strafrecht entgegentretenden Verbrechensbegriffe näher in's Auge, so machen wir die Wahrnehmung, dass der Gesetzgeber die Handlungen, die er im Obersatz seiner Strafvorschriften kennzeichnet, nicht gleichmässig beschreibt; er thut dies vielmehr bald abstrakt, bald conkret. Abstrakt thut er dies, indem er die Merkmale angiebt, welche der Handlung ihrer Natur nach anhaften, conkret thut er dies, indem er die Handlung nach der Wirkung, die sie im einzelnen Falle hervorruft, charakterisirt. Der Ehebruch einer- und der Mord andererseits mögen als Belag dafür angeführt sein. Dort ist der Thatbestand mit der That erschöpft, hier ist er mit ihr noch nicht erschöpft.

Die von uns anzustellende Untersuchung hat sich deshalb mit der Frage zu beschäftigen, ob wir dem Begriff des Versuches sowohl innerhalb der einen als auch innerhalb der anderen Verbrechenskategorie begegnen können. Ich nehme keinen Anstand, sie dahin zu beantworten: In der Kategorie von Verbrechen, in der der Gesetzgeber die verbrecherische Handlung abstrakt beschreibt, ist der Versuch undenkbar; in der, in der er dies conkret thut, ist der Versuch denkbar.

Giebt nämlich der Gesetzgeber die Merkmale der verbrecherischen Handlung in abstrakter Form an, so wäre die Annahme eines Versuches nur dann möglich, wenn man entweder die Vorbereitungshandlungen oder den Mangel im Thatbestand für Versuch ausgiebt, oder mit anderen Worten, wenn man von einer Handlung ausgeht, welche der gesetzlichen Charakteristik entbehrt. Sieht man vorläufig hiervon ab, so wird man zugestehen müssen, dass die verbrecherische That, welche die Merkmale des Verbrechensbegriffs erfüllt, wenn sie begonnen, einen Theil, wenn sie vollendet ist, den gesammten Thatbestand verwirklicht. Dort würde sie einen aliquoten Theil des Verbrechens bilden,

aus welchem er alle weiteren Schlüsse ableitet, den Satz, wonach der Versuch des Verbrechens gleichbedeutend ist mit dem Versuch der Deliktshandlung, als unstreitig oder gar als unbestreitbar ansieht.

hier mit der Consummation zusammenfallen. Gleichgiltig wäre es dabei, ob der Verbrecher freiwillig zurücktritt oder in seiner Thätigkeit durch Umstände, welche von seinem Willen unabhängig sind, unterbrochen wird: das, was geschehen ist, kann durch das, was nicht geschehen ist, nicht eine andere Charakteristik erfahren. Nun ist aber alle Welt darüber einig, dass Anfang und Versuch verschiedene Begriffe sind oder dass, um mich der neueren Terminologie zu bedienen, der Versuch keinen aliquoten Theil der Vollendung bildet. Unter der Voraussetzung, von der wir ausgegangen sind, bleibt somit innerhalb der Handlung kein Raum für den Versuch mehr übrig. Dies ist erst recht der Fall, wenn man, wie dies die herrschende Lehre bei einzelnen Delikten thut — ich erinnere nur an die Fleischesverbrechen und an den Zweikampf — die Consummation auf den ersten Akt der Handlung, welche der gesetzlichen Charakteristik entspricht, principwidrig verlegt oder wenn man sich bei allen Delikten zu dem von mir vertheidigten Satze:

> „Ist eine Handlung unter Strafe gestellt, so ist sie in „allen ihren Akten bedroht. Die Distinktion zwischen „Beginnen und Beendigen ist dabei nur von faktischer, „nicht von rechtlicher Bedeutung“

bekennt[4]). Denn der Unterschied der beiden Ansichten beruht nur darauf, dass ich in allen Fällen mit dem ersten Akte den Thatbestand als erfüllt erachte, die herrschende Lehre dagegen dies bald thut, bald unterlässt.

Wer, um den Consequenzen, die ich aus den bisherigen Erörterungen ziehen werde, zu entgehen, nunmehr etwa behaupten wollte, was er bisher beharrlich bestritten hat — werden wir doch in der Versuchslehre darüber belehrt, dass Alles möglich sei — dem rathe ich, sich zuvor zu überlegen, wie er mich bekämpfen will, wenn ich ihm entgegenhalte, dass er alsdann zur Annahme eines Versuches vom Versuche

[4]) Meine Versuchslehre S. 585.

gedrängt wird.[5]) Denn auch die Versuchsthätigkeit hat ihre Charakteristik, auch bei ihr haben wir zwischen Beginnen und Beendigen zu unterscheiden. Wer daher beim Thatbestand der Vollendung Anfang und Versuch sich eines Anderen, nicht eines Besseren, besinnend, nachträglich identificiren wollte, dem verlege ich den Ausweg im Voraus dadurch, dass ich ihm das von ihm geschaffene Spiegelbild beim Thatbestand des Versuches vor die Augen führe.

Die Consequenz aber, die sich aus unserer bisherigen Erörterung von selbst ergiebt, besteht darin, dass innerhalb der Verbrechenskategorie, bei der das Gesetz die Merkmale der verbrecherischen That abstract angiebt, die Annahme eines Versuches der Handlung abzuwehren ist.

Um es nicht an einem Beispiel fehlen zu lassen — denn nur die möglichste Klarheit kann uns fördern — greife ich eine beliebige Uebertretung aus dem 29. Abschnitt unseres Strafgesetzbuches heraus. Ich thue dies, weil ich, wenn ich mit einer Uebertretung exemplificire, damit auf einem Gebiete operire, welches von der italienischen Lehre nicht afficirt worden ist. Der Umstand nämlich, dass die Glosse von ihrem conatus delinquendi die delicta leviora eximirte, hat ausgereicht, ihre Rückwirkung bis in unsere Zeit hinein auszuüben. Die Uebertretungen sind deshalb von den Grundsätzen, welche ich als irrig bekämpfe, verschont geblieben.

Der § 367 Nr. 15 Reichs-Str.-G.-B. schreibt also vor:

> Wer als Bauherr .... einen Bau ....., wozu die polizeiliche Genehmigung erforderlich ist, ohne diese Genehmigung ..... ausführt, ... wird bestraft.

Hier mag man allenfalls darüber rechten, mit welchem Akt die Bauausführung ihren Anfang nimmt, man mag, wenn man Lust dazu verspürt, mit mir darüber streiten, ob der von mir vertheidigte Grundsatz, wonach die Pönalsanktion alle

---

5) Im Uebrigen verweise ich auf meine Ausführungen a. a. O. S. 590 bis 593 S. 627 fg.

Akte der Handlung gleichmässig umfasst, zu Unzuträglichkeiten führt, darüber kann aber kein Zweifel bestehen, dass die vom Gesetz gekennzeichnete Handlung ohne Zerstörung ihrer Charakteristik nur eine Zergliederung in Theile zulässt. Wer nicht gewillt ist, aus der Ausführung eines Baues die Beerdigung eines Leichnams zu machen, wird mit uns nur zwischen Beginnen und Beendigen unterscheiden und darauf, ob der Bau liegen bleibt, weil der Bauherr seinen Geschmack geändert oder weil er die ihm zugesagten Bauhilfsgelder nicht erhalten hat, kein Gewicht legen. Und nunmehr erkläre mir, wer dies vermag, wie dies bei den Verbrechen oder Vergehen anders sein könnte; der Umstand, dass die Uebertretungen in einem späteren, die Verbrechen und Vergehen in einem früheren Abschnitt des Strafgesetzbuches abgehandelt werden, vermag doch nicht das, was man soeben noch als einen aliquoten Theil der That ausgab, in einen Versuch umzuwandeln!

Wenden wir uns nunmehr der Kategorie von Verbrechen zu, bei denen der Gesetzgeber — und er hat hierzu, wie ich bereits anderweitig nachgewiesen, seine triftigen Gründe [6]) — die Handlung, die er verhindert wissen will, conkret beschreibt. Das Versuchsgebiet ist, wie Niemandem nach unseren zeitherigen Ausführungen entgehen wird, damit betreten.

Nun haben wir aber bereits gesehen, dass wenn der Gesetzgeber eine Handlung beschreibt, damit die Möglichkeit ihres Versuches entschwindet. Wenn wir daher die abstrakte Sprache in die conkrete übertragen — und ich sollte meinen, dass dies nicht allzu schwierig sein könnte — müssen wir zum nämlichen Resultate gelangen.

Die Uebertragung geschieht aber, wenn es uns gelingt, die Beschaffenheit der Handlung, deren conkrete Wirkung der Gesetzgeber angiebt, zu kennzeichnen. Auch hierzu sind wir im Stande; denn da eine Handlung eine Wirkung nur

---

[6]) a. a. O. S. 376.

äussert, wenn sie sie äussern muss oder kann, so ist damit von selbst ihr Charakter gegeben. Verbietet der Gesetzgeber eine Sachbeschädigung, so hat er damit eine Handlung, aus der ein Schade enstehen muss oder entstehen kann, umschrieben. Die Möglichkeit, dass der Gesetzgeber zugleich auch eine Handlung, aus der ein Schade nicht entstehen kann, mit seiner Charakteristik umfasst habe, ist von selbst ausgeschlossen. Damit gelangen wir zu dem Satze: Auch bei der Verbrechenskategorie, innerhalb deren das Gesetz die verbrecherische Handlung conkret beschreibt, ist die Annahme eines Versuches derselben ausgeschlossen.

Ich hätte auf einfacherem Wege das nämliche Resultat in der einheitlichen Form gewinnen und damit von vorherein den Grundsatz aufstellen können: **Der Versuch einer Handlung ist undenkbar;** denn ich habe den Gegensatz zwischen abstrakter und conkreter Charakteristik der Handlung nur vermittels eines Fehlschlusses gebildet. Richtig ist zwar, dass im positiven Recht der Thatbestand der einzelnen Verbrechen bald abstrakt, bald conkret charakterisirt ist, allein daraus folgt nicht, dass damit auch die Deliktshandlung dem entsprechend bald abstrakt, bald conkret beschrieben sei. Im Gegentheil haben wir uns davon überzeugt, dass mit der Wirkung, welche eine Handlung ausübt, zugleich ihre Beschaffenheit gekennzeichnet ist. Wäre es anders, so wäre der Grundsatz: Nullum crimen sine lege, keine Deliktshandlung ohne Angabe der ihr innewohnenden Merkmale, nicht aufrecht zu erhalten.

Demgemäss würde ich, wenn ich von vornherein auseinandergesetzt hätte, dass die Deliktshandlung der abstrakten Charakteristik nicht entbehren kann, ohne Weiteres zur Aufstellung des einheitlichen Prinzipes gelangt sein, das ich vermittels eines Umweges erreicht habe.

Allein ich habe die Incorrektheit, deren ich mich schuldig gemacht habe, nicht gescheut, um den Gegensatz, der, wie wir bald sehen werden, für die Versuchslehre zwischen den Verbrechen, deren Charakteristik abstrakt und denen, deren Charakteristik conkret geschieht, oder, um mich einer kürzeren Ausdrucksweise zu befleissigen, zwischen den formalen und den materialen Delikten, besteht, zum Ausgangspunkte für die weitere Untersuchung zu nehmen.

Denn wenn wir auch nunmehr den Unterschied zwischen abstrakter und conkreter Beschreibung der Handlung als irreführend aufgeben müssen, so hat doch die einheitliche Lehre, wonach der Versuch einer Handlung undenkbar ist, nur bei den formalen Delikten, deren Thatbestand mit der vollendeten Handlung erfüllt ist, die Folge, dass damit die Möglichkeit des Versuches entschwindet. Darum konnte ich meine Erörterungen bei ihnen mit dem Satze abschliessen, dsss der Versuch der Handlung unmöglich sei; meine Behauptung, dass ein Versuch bei ihnen undenkbar sei, war damit von selbst begründet. Anders steht es mit den materialen Delikten; bei ihnen zwingt uns der Umstand, dass zu ihrem Thatbestand eine über die Handlung hinausreichende Wirkung gehört, zu einer weiteren Untersuchung.

Denn irrig wäre die Annahme, dass der Umfang des Versuchsbegriffes mit dem der materialen Verbrechen sich decke. Von selbst scheidet nämlich das Gebiet der Nothwendigkeit aus, ganz ebenso wie das der Unmöglichkeit, wollten wir nicht dem Gesetzgeber undenkbare Gedanken unterlegen, von vornherein in Wegfall kam. Dies geht daraus hervor, dass eine Handlung, welche die Deliktsmerkmale verwirklichen muss — wir erinnern hier daran, dass wir, wie bereits gezeigt, bei den materialen Verbrechen zwischen einer Handlung, welche die Wirkung hervorrufen muss und einer solchen, welche die Wirkung hervorrufen kann, zu unterscheiden haben — damit eo ipso als eine solche gekennzeichnet wird, welche den Thatbestand ganz oder, wenn die Wirkung in einem grösseren oder geringeren Umfang in die Erscheinung treten kann, mindestens zum Theil erfüllt. Damit haben wir wiederum nur die Möglichkeit, zwischen der Consummation und einem aliquoten Bestandtheil des Deliktes zu unterscheiden. Mit Rücksicht darauf nun, dass einer Handlung, welche die Wirkung mit Nothwendigkeit nach sich zieht, das Prädicat der Ursache gebührt, möchte ich das gewonnene Resultat dahin formuliren:

Verhält sich die verbrecherische Handlung zum Thatbestand eines Delikts wie Ursache zur Wirkung, so ist der Begriff des Versuches ausgeschlossen.

Um der Bedeutsamkeit willen, welchen der aufgestellte Satz für sich beansprucht, will ich es nicht unterlassen, mich durch ein Beispiel anschaulicher zu machen. Vielleicht werden diejenigen, welche es lieben, mir vorzuhalten, dass ich ihnen unverständlich sei, nachgerade zu der Ueberzeugung kommen, dass sie mich damit für Dinge verantwortlich machen, die ich nicht zu vertreten habe. Der § 134 Str. G. B. bestraft das böswillige Abreissen von öffentlichen Bekanntmachungen.

Unter der Voraussetzung, dass die Handlung der gesetzlichen Charakteristik entspricht, macht sich mit jedem Akte, mit welchem der Wille in die Aussenwelt übertritt, seine Wirksamkeit kenntlich. Kein Reissen ohne Riss. Die Summe der Akte bringt mithin nicht eine Wirkung hervor, welche der einzelne Akt hervorzurufen nicht im Stande wäre, sondern sie vermehrt nur den Umfang der Wirkung, die mit jedem einzelnen Akte eintritt. Wenn wir daher vom „abreissen" sprechen, so sagen wir damit nicht, dass zu der Thätigkeit des Reissens eine Wirkung hinzutreten müsste, um einen von der Handlung des Reissens verschiedenen Thatbestand zu erfüllen, sondern wir bezeichnen damit nur eine fortgesetzte Thätigkeit, die Summe der einzelnen Addenden, die erforderlich ist, um den Thatbestand in seinem vollsten Umfang in's Leben zu rufen.

Ganz anders steht es mit denjenigen Handlungen, welche eine Wirkung nicht nach sich ziehen müssen, sondern nur nach sich ziehen können; denn damit ist uns die Möglichkeit, zwischen einem majus und minus zu unterscheiden, entzogen, nur mit der, dass die Wirkung eintreten oder ausbleiben kann, haben wir zu rechnen. Tritt sie ein, so ist damit der Thatbestand zur Existenz, bleibt sie aus, so ist er damit zur Deficienz gelangt. Daraus erklärt es sich auch, dass wir hier — und nur hier allein — einem Schwebezustand begegnen, der uns nöthigt, unser Urtheil, ob der Verbrechensbegriff erfüllt oder nicht erfüllt ist, so lange zu suspendiren, bis die Zukunft zeigt, ob die eine oder die andere Alternative sich verwirklicht. Der Typus für die Verbrechenskategorie, die wir hier im Auge haben, ist der Mord.

Welche Proceduren auch immer der Mensch einschlagen mag, um einen andern zu tödten, — keine von ihnen ruft den Tod mit Nothwendigkeit hervor. Zwar lässt sich der Kreis der Bedingungen, unter denen sie ihre Wirkung verfehlen, derart verkleinern, dass bei oberflächlicher Betrachtung der Erfolg gewährleistet erscheint, — wir erinnern nur an die Vollziehung der Todesstrafe — allein auch hier ist es denkbar, und leider hat dies die Erfahrung bestätigt, dass der Scharfrichter den Nacken fehlt, der Mechanismus des Fallbeiles versagt, der Strick am Galgen reisst.

Deshalb ist es abwegig, die Handlungen, denen wir das Prädikat der Ursache beigelegt haben, mit denen, welche uns hier beschäftigen, in Parallele zu bringen. Der Gegensatz zwischen der einen und der andern Kategorie lässt sich nicht wegleugnen; er gipfelt darin, dass dort jeder Akt mit Nothwendigkeit die Deliktsmerkale verwirklicht, weil er andernfalls von der gesetzlichen Charakteristik nicht betroffen sein würde, während hier die Handlung in allen ihren Akten den Thatbestand nicht erfüllt, wenn sich nicht zu ihr eine ausserhalb liegende Wirkung hinzugesellt.

Wenn mir daher entgegen gehalten wird, dass ich nur dadurch in beiden Fällen zum nämlichen Resultat gelange, dass ich den Handlungen, welche dort die Wirkung als eingetreten kennzeichnen (abreissen, abschneiden, abbrechen) hier die damit correspondirenden Handlungen (erstechen, erschiessen, erschlagen) nicht gegenüber stelle[7]), so werden damit an

[7]) Baumgarten: Die Lehre vom Versuch der Verbrechen S. 333.
Lammasch: Handlung und Erfolg in Grünhut's Zeitschrift Bd. IX (1882) S. 305.

mich Ansprüche erhoben, die ich zu erfüllen nicht vermag. Denn ich wenigstens komme darüber nicht hinweg, dass ich es dort mit einer ihrer Natur nach causalen Handlung zu thun habe, bei der das Prädikat „abreissen“ nur den totalen Umfang der Wirkung angiebt, hier dagegen mit einer Handlung, die causal und nicht causal verlaufen kann, so dass der gebrauchte Ausdruck nicht den Umfang, sondern den Eintritt der Wirkung bezeichnet. Deshalb bleibt dort, wenn ich mir aus der Thätigkeit des Reissens das „ab“ hinwegdenke, ein aliquoter Theil der totalen Wirkung bestehen, während ich hier, wenn ich von der Thätigkeit des Erstechens das „er“ wegnehme, vom Tode keine Spur zu entdecken vermag.

Vielleicht finde ich bei denen, die mich bekämpfen, mehr Glauben, wenn ich die Autorität eines römischen Juristen zu meiner Unterstützung heranziehe. Paullus bezeugt, dass, wenn die XII Tafeln das widerrechtliche Abhauen von Bäumen untersagten, damit nicht nur das „succidere, sed etiam ferire caedendi causa“ gemeint war [8]). So lange mir daher meine Gegner eine Stelle im corpus juris nicht nachweisen, wonach die Thätigkeit des Erwürgens mit der des Würgens, um zu erwürgen, identificirt ist, so lange werden sie mich nicht davon überzeugen, dass sie eine fundatam intentionem auf ihrer Seite haben.

Bezeichnen wir nun eine Handlung, welche eine Wirkung hervorrufen kann und diese Wirkung in concreto hervorgerufen hat, als „Grund“, die eingetretene Wirkung als „Folge“, so bleibt für das Gebiet des Versuches, nachdem wir ausgeschieden haben, was auszuscheiden war, nur die Verbrechenskategorie übrig, bei der sich die verbrecherische That zum Thatbestand der Vollendung wie Grund zu Folge verhält.

Irrig wäre indess die Annahme, — und vielleicht ist insoweit der von uns gebrauchte Ausdruck „Verbrechenskategorie“ nicht ganz glücklich gewählt — als ob wir innerhalb

[8]) L. 5 D. 47. 7 (arb. furtim caesarum).

der einzelnen Verbrechensbegriffe nur dem Verhältniss von Grund und Folge oder nur dem von Ursache und Wirkung begegnen könnten.

Der § 137 Str.-G.-B., mit dem wir bereits exemplificirt haben, beweist uns das Gegentheil; neben dem Abreissen ist darin das Beschädigen erwähnt. Dies ist zwar hier überflüssiger Weise geschehen, indem die Beschädigung das Abreissen von selbst in sich geschlossen hätte. Allein da der Gesetzgeber, wenn er eine Wirkung verhindern will, sich damit bescheidet, die Handlung ohne jede weitere Unterscheidung als eine solche zu charakterisiren, welche die Wirkung hervorrufen muss oder kann, so folgt daraus, dass überall, wo die doppelte Begehungsweise möglich ist, der Thatbestand in der einen und anderen Form, sowohl durch das Verhältniss von Grund zu Folge als auch durch das von Ursache und Wirkung verwirklicht werden kann [9]). Die Sachbeschädigung mag als Beispiel dafür dienen.

Ist unsere früher entwickelte Ansicht richtig, dass wenn der Thäter Bäume dadurch beschädigt, dass er Hand an sie legt, wir es mit dem Verhältniss von Ursache zu Wirkung zu thun haben, so brauchen wir nur an den Fall zu denken, dass er dies unter Anwendung von explodirenden Stoffen gethan hat, und das Verhältniss von Grund zu Folge tritt zu Tage. Die Thätigkeit des Thäters musste nur dort, nicht hier, wenn keine Unterbrechung eintrat, die Wirkung hervorrufen.

Mit der Abgrenzung des Gebietes aber, das für den Versuch nur noch übrig geblieben ist, ist zugleich auch sein Begriff gefunden. Objektiv kann nämlich das Differenzmerkmal zwischen ihm und dem Thatbestand der Vollendung nunmehr nur darin bestehen, dass hier die Folge eintritt, dort ausbleibt. Denn da der Thatbestand der Vollendung sich zusammensetzt aus der vom Gesetz charakterisirten Handlung (d. i. der Handlung aus der die Folge hervorgehen kann)

[9]) cf. im Uebrigen a. a. O. S. 345 fg.

und der Folge, eine Handlung aber, wie wir bereits gesehen haben, ohne Zerstörung ihrer Charakteristik nur die Unterscheidung zwischen Beginnen und Beendigen zulässt, so bleibt als Differenzmerkmal nur die Folge übrig.

Damit congruirt die subjektive Seite, deren der Versuch zu seiner Existenz bedarf. Wäre nämlich der Versuch einer Handlung denkbar, so müsste das Unterscheidungsmerkmal, das ihn von der Consummation abhebt, da es auf objektiver Sphäre nicht erfindlich sein soll, lediglich im Willensmoment liegen. Nun kennen wir aber nur zwei Schuldarten, dolus und culpa, und wir würden somit zu dem Satze gelangen, dass der Unterschied zwischen Versuch und Vollendung mit dem vom Vorsatz und Fahrlässigkeit identisch wäre — ein Satz, dessen Unrichtigkeit ich nicht erst nachzuweisen brauche. Ganz anders gestaltet sich die Sache, wenn wir die Rückwirkung des von uns aufgestellten objektiven Unterscheidungsmerkmals auf die Willensseite näher betrachten. Denn da die Folge aus der Handlung nur hervorgehen kann und damit auch eo ipso ausbleiben kann, so ist sie nur dann gewollt, wenn in der Intention gehandelt wird, dass sie aus ihr hervorgehen soll. Wo eine derartige Verknüpfung zwischen That und Folge nicht stattfindet, ist der dolus ausgeschlossen.

Der Jongleur, der allabendlich in einem Café chantant einen Apfel vom Kopfe seines Kindes herunterschiesst, ist sich zwar bewusst, dass er auch einmal fehlen könne, allein er ist nur einer fahrlässigen Tödtung schuldig, wenn ihm der Zufall derart schlimm mitspielt, dass er mit seiner Kugel nicht den Apfel, sondern den Kopf des Kindes durchbohrt. Die Folge ist eingetreten gegen den Willen. Der Versuch schafft die entgegengesetzte Erscheinung: Die Folge bleibt aus gegen den Willen — und er muss sie schaffen, weil, da objektiv eine Verknüpfung zwischen That und Folge nicht eingetreten ist, nur die subjektive Verknüpfung bestehen bleibt. Würde auch sie fehlen, so wäre nichts geschehen, wofür wir den Thäter verantwortlich machen könnten. Damit ist bewiesen, was zeither nur als Axiom hingestellt worden ist, dass der Versuch des Dolus, oder, um mich correkter auszudrücken, der Absicht, der Richtung des Willens auf den Erfolg nicht zu entbehren vermag.[10])

Von selbst folgt zugleich daraus, dass der Thäter sich der Qualifikation seiner Handlung als einer solchen, welche die von ihm beabsichtigte Folge hervorrufen kann — oder, um mich einer kürzeren Ausdrucksweise zu befleissigen, als einer potentiell causalen, bewusst sein muss; wer eine Folge hervorrufen will, kann der Vorstellung, dass seine That hierzu geeignet sei, nicht entbehren, andernfalls würde es ihm an dem ernstlichen Willen fehlen.

Damit entschwindet jede Möglichkeit, im Willensmoment einen Unterschied zwischen Versuch und Vollendung zu etabliren. Fehlt das Bewusstsein (Vorstellung) von der Handlung als einer potentiell causalen, so ist die Folge nicht gewollt; ist die Folge aber gewollt, so wird dadurch wiederum, dass sie ausbleibt, die Absicht nicht alterirt.

Umgekehrt ist die Absicht, es beim Versuch sein Bewenden zu lassen, undenkbar. Denn damit würde der Begriff des Versuches negirt werden. Die Absicht, dass eine Folge nicht eintritt, würde den dolus in Wegfall bringen.

Aber auch mit der Möglichkeit, dass die Absicht darauf gerichtet sei, dass die Folge zum Theil eintrete, zum Theil ausbleibe, haben wir nicht zu rechnen; denn überall handelt es sich hier um Sein und Nichtsein. Wir würden dies nicht erst erwähnt haben, würde nicht gerade hierin auch auf der Willensseite der erhebliche Unterschied zwischen Ursache und Wirkung einer- und Grund und Folge andererseits zu

---

[10]) Darum möchte ich den mit Recht von Binding angefochtenen Satz: „beim Versuch ist mehr gewollt, als geschehen, bei der Fahrlässigkeit mehr geschehen als gewollt“ dahin berichtigen: beim Versuch ist nicht eingetreten, was beabsichtigt, bei der Fahrlässigkeit ist eingetreten, was nicht beabsichtigt. Freilich operiren wir daneben noch mit einem Begriff der Fahrlässigkeit, welcher es mit der Vorstellung, anstatt wie hier mit dem Willen im Gegensatz zum Bewusstsein, zu thun hat.

Tage treten. Nichts steht im Wege, dass der Wille bei der Verbrechenskategorie, die wir aus dem Versuchsgebiet ausgeschlossen haben, obwohl ihr Thatbestand eine eingetretene Wirkung voraussetzt, sich von vornherein bei einer Verletzung von geringerem Umfang bescheidet.

Wenn es dem Thäter passt, einen Baum nur anzuschneiden, ein Placat nur bis zu seiner Mitte zu durchreissen, einen Damm nur zur Hälfte zu durchstechen — ich wenigstens wüsste nicht, welch' wissenschaftlicher Grundsatz ihn daran hindern sollte.

Fassen wir das gewonnene Resultat kurz zusammen: Die Versuchshandlung ist mit der Handlung, welche die Consummation bewirkt, identisch; der einzige Unterschied zwischen Versuch und Vollendung spielt sich auf objektiver Sphäre in der Weise ab, dass hier die beabsichtigte Folge eintritt, dort ausbleibt.

Die Constitutivmerkmale des Versuches sind damit gegeben, und ich nehme deshalb keinen Anstand, die Verbrechensform des Versuches, wie ich dies bereits früher gethan, auch hier wieder dahin zu definiren:

> Wer eine Handlung, welche geeignet ist, die zum Thatbestand eines Verbrechens erforderliche Folge hervorzurufen, in der Absicht vornimmt, dadurch ihren Eintritt herbeizuführen, macht sich — das Ausbleiben der beabsichtigten Folge vorausgesetzt, — des Versuches schuldig. [11])

Nur dem Missverständniss möchte ich noch entgegentreten, als ob wir es hier mit einer einfachen Willensbewegung zu thun hätten. Die Thätigkeit setzt sich vielmehr aus verschiedenen, unter sich nicht gleichen Akten zusammen. Dies ist indess keine Eigenthümlichkeit des Versuches. Häufig genug tritt uns vielmehr die Erscheinung auch anderweitig

---

[11]) a. a. O. S. 367 und meine Abh. „die den untauglichen Versuch betreffende Plenarentscheidung des Reichsgerichts in Goltdammer's Arch. Bd. XXVIII (1880) S. 381.

entgegen. Wir brauchen nur an den Thatbestand der Uebertretung zu denken, mit der wir bereits exemplificirt haben, an die Ausführung eines Baues ohne obrigkeitliche Genehmigung. Die Ausschachtung des Grund und Bodens ist verschieden von der Legung der Fundamente und diese wiederum von der der Errichtung des Gebäudes. Allein der Wille des Thäters fasst die heterogenen Akte zu einer Einheit zusammen, und der Gesetzgeber trägt dem Rechnung, um die Handhabe zu gewinnen, rechtzeitig einzuschreiten. Genau ebenso verhält es sich mit der Versuchsthätigkeit. Wer die Hand nach der Gurgel eines Anderen streckt, das Gewehr zum Schuss bereit legt, das Gift in die vorgesetzte Speise mischt, hat damit noch nicht den Akt in's Leben gerufen, aus dem der Tod entstehen kann. So wenig wie in dem Moment der Vereinigung der Geschlechtstheile die Möglichkeit der Conception gegeben ist, so wenig ist die Möglichkeit des Todes in den Momenten gegeben, die ich des Beispiels wegen angeführt habe. Aber auch hier nimmt der Gesetzgeber ebenso wenig wie sonst auf die einzelnen Akte, sondern auf die durch den Willen verbundene Einheit der Akte Rücksicht, nirgends untersagt er einzelne Akte einer Handlung, sondern stets die Handlung in ihrer Totalität.

Wir haben es daher, sei es durchweg, sei es regelmässig, nicht mit einer einfachen Willensbewegung, sondern mit einer Prozedur, einer Handlungweise, wie sich vereinzelt der Gesetzgeber ausgedrückt hat[12]), zu thun — ein Unterschied, den ich einerseits für die Frage, mit welchem Augenblick die Strafbarkeit beginnt und anderseits für die Lehre vom s. g. freiwilligen Rücktritt für bedeutsam erachte.

§ 2.
Mangel im Thatbestand und Versuch sind verschiedene Begriffe.

Schränkt man den Versuchsbegriff, wie ich dies gethan, ein, so ist es unschwer, Versuch und Mangel im Thatbestand

[12]) z. B. im § 107 des Straf-G.-B. für das Grossherzogthum Baden.

abzugrenzen. Ich habe die Probe auf das Exempel bereits in meiner Versuchslehre gemacht, indem ich dort folgende 3 Sätze aufgestellt habe.[1])

1) Bei den Verbrechen, bei denen sich die verbrecherische That zum vollendeten Delikt niemals wie Grund zu Folge verhalten kann, liegt Mangel im Thatbestand vor, wenn irgend eins der Merkmale fehlt, von deren Vorhandensein die Anwendung des Gesetzes abhängt.

2) Bei den Verbrechen, bei denen sich die verbrecherische That zum vollendeten Delikt immer wie Grund zu Folge verhalten muss, haben wir es mit dem Begriff des Versuches zu thun, wenn das Merkmal fehlt, mit dessen Eintritt sich der potentielle Causalzusammenhang in einen actuellen verwandelt und damit die Vollendung herbeigeführt haben würde, mit einem Mangel des Thatbestandes, wenn die Incongruenz zwischen der verbrecherischen That und dem consummirten Verbrechen auf einen anderen Umstand zurückzuführen ist.

3) Bei den Verbrechen, welche den Begriff des Versuches nur zulassen, greift die zuerst gedachte Regel Platz, wenn die Begehungsweise des Thäters nicht im Verhältniss von Grund zu Folge steht, die zuletzt gedachte Regel, wenn die entgegengesetzte Voraussetzung zutrifft.

Zu ihrem Verständniss habe ich, da ich hier auf abweichendem Wege den Versuchsbegriff entwickelt habe, einige erläuternde Bemerkungen vorauszuschicken.

Aus dem Begriff des Versuches habe ich alle Delikte ausgeschieden, bei denen das Verhältniss von Grund zu Folge nicht obwaltet, d. h. alle Delikte, bei denen der Thatbestand mit der verbrecherischen That abschneidet, sei es, dass der Thatbestand eine Wirkung nicht erfordert, sei es, dass er sie in der Weise erfordert, dass sie in der That nothwendig enthalten ist. Ich habe weiter die Delikte, bei denen die Norm sowohl eine die Folge (Wirkung) in sich

---

[1]) S. 435.

schliessende Handlung als auch eine Handlung, aus der sie nur hervorgehen kann, verbietet und damit dem Thäter zwischen zwei Begehungsweisen die Wahl lässt, so behandelt, als wären damit zwei verschiedene Thatbestände geschaffen, so dass ich den einen aus dem Versuchsbegriff ausgeschieden, den anderen ihm unterstellt habe.

Dies vorausgeschickt, dürfte es mir gelingen, die drei von mir aufgestellten Sätze dem Verständniss näher zu bringen. Der erste besagt: Wenn der Thatbestand mit der That abschliesst, haben wir die Incongruenz zwischen der Handlung und ihrer gesetzlichen Charakteristik auf den Mangel im Thatbestand zurückzuführen. Jede weitere Unterscheidung ist durch die Natur der Sache ausgeschlossen.

Der zweite bedeutet: Mangel im Thatbestande liegt vor, wenn der Versuchshandlung ein Merkmal abgeht, welches der die Consummation bedingenden Handlung zukommt; er liegt nicht vor, wenn die Folge, die aus der Handlung entspringen kann, ausbleibt (Versuch im Gegensatz zum Mangel im Thatbestand). Der dritte Satz zerlegt den combinirten Thatbestand in seine zwei Theile und wendet auf den einen die zuerst, auf den anderen die zuletzt gedachte Regel an.

Die von mir aufgestellten Sätze lassen sich auch einfacher dahin fassen: Mangel im Thatbestand liegt vor, wenn einer Handlung ein Merkmal abgeht, das ihr nach dem Obersatz der Strafvorschrift zukommen soll; er liegt nicht vor, wenn eine Handlung, welche die Alternative zwischen der Existenz und Deficienz einer Folge eröffnet, causalitätslos verläuft.

Damit bescheidet sich der Versuch bei der Alternative, welche die Vollendung nicht beansprucht und darum für ihn reservirt hat, so dass der Unterschied zwischen Versuch und Mangel im Thatbestand darin liegt, dass dort die rechtlich erhebliche Handlung bestehen bleibt, während sie hier entschwindet.

Auch von diesem Gesichtspunkt aus zeigt es sich, dass wir nicht ohne triftigen Grund zwischen einer Handlung, welche eine Folge (Wirkung) nach sich ziehen muss und einer solchen, die sie nur nach sich ziehen kann, unterschieden haben; denn hier ist ein Vacuum vorhanden, das dem Versuch ein Plätzchen vergönnt, während dort der Raum von dem Thatbestand, den die Vollendung für sich beansprucht, von vornherein vollständig ausgefüllt ist.

An der Richtigkeit des gewonnenen Resultates dürfte nicht zu zweifeln sein. Wer sich bemühen wollte, Mangel im Thatbestand und Versuch bei den Delikten abzugrenzen, bei welchen der Thatbestand mit der That abschliesst, würde vergeblich nach einem Merkmal suchen, dass er aus dem Thatbestand ohne Zerstörung des Verbrechensbegriffes ausscheiden könnte; der Thatbestand käme damit überhaupt in Wegfall.

Das Gleiche muss aber auch gelten, wenn der Thatbestand sich aus That- und Folge zusammensetzt. Denn auch hier ist der Charakter der Handlung, wenngleich versteckter, gegeben. Wer daher aus ihr für den Versuch ein Merkmal ausscheidet, das er für die Ausführungshandlung für erforderlich erachtet, wäre damit unrettbar der Identificirung von Versuch und Mangel im Thatbestand verfallen. Danach bleibt nichts übrig, als den Mangel im Thatbestand, den der Versuch gegenüber der Vollendung aufweist, auf den Unterschied zwischen der Möglichkeit und Wirklichkeit der Folge zu reduciren. Dies habe ich gethan und dem entsprechend das vom Versuch nicht occupirte Gebiet dem Mangel im Thatbestand überwiesen.

Allein meine ganze Mühe wäre vergeblich gewesen — und bereits singen mir meine Gegner frohlockend das Schwanenlied — wenn es uns nicht gelingt, die Behauptung, dass dem Versuch der objektive Thatbestand abgehe, zu widerlegen. Denn auf der Voraussetzung, dass Mangel im Thatbestand nicht mit Versuch identisch ist, beruht, wie ich im § 1 ausdrücklich hervorgehoben, meine ganze Lehre. Wenn ich dabei der Vorbereitungshandlungen nicht noch besonders erwähne, so thue ich dies geflissentlich; ist es für die objektive

Seite des Versuches ausreichend, dass der Thatbestand der Vollendung nicht vorliegt, so würden auch sie das negative Merkmal erfüllen, das man vom Versuch beansprucht.

Deshalb müssen wir uns noch einmal der Widerlegung der Theorie v. Buri's unterziehen.[2]) Sie ist von ihm zuerst 1867 aufgestellt und seit dem in jeder Abhandlung, die er über den Versuch geschrieben — und er hat deren recht viele geschrieben — wiederholt worden. Sie ist es, die sich, so nimmt man wenigstens allgemein an, des Beifalls unseres höchsten Gerichtshofes erfreut hat.[3]) Nach ihr soll die Manifestation des verbrecherischen Willens das einzige Charakteristikon des Versuches sein.[4])

Auffallend ist es von vornherein, dass wir nicht bündig und klar darüber vergewissert werden, dass man uns nur die objective Seite des Versuches rauben, die subjektive Seite dagegen, die wir für ihn beanspruchen, nicht antasten will. Dies hat indess seinen guten Grund. Denn mit dem Augenblicke, in welchem wir das Zugeständniss erhalten, dass die Willensqualification, die wir für den Versuch für unentbehrlich erachten, nicht angefeindet werden soll, ist die v. Buri'sche Theorie überwunden.

Die Natur hat nämlich dafür gesorgt, dass die Bäume nicht in den Himmel wachsen und dem Menschen die Gabe, Wunder zu verrichten, versagt. Wäre es möglich, die mörderische Absicht dadurch zu verwirklichen, dass man Sect

---

[2]) cf. meine Versuchslehre S. 156—202.

[3]) Urtheil der vereinigten Strafsenate vom 24. Mai 1880. Urtheil des I. Strafsenates v. 10. Juni 1880. Bd. I. S. 439 und resp. S. 451. Urtheil des III. Strafsenats vom 30. März 1883 Bd. VIII. S. 199. Urtheil des nämlichen Senates vom 7. Juli 1884 Bd. XI. S. 77.

[4]) cf. Die von mir S. 156 allegirten Literaturnachweise und v. Buri: Ueber die s. g. untauglichen Versuchshandlungen in v. Liszt's Zeitschrift Bd. I. S. 185, sowie über: Versuch und Causalität im Gerichtssaal pro 1880 S. 321 fg. über „den Begriff der Gefahr und seine Anwendung auf den Versuch" im Gerichtssaal pro 1888. S. 503 fg. und „die Causalität und ihre strafrechtlichen Beziehungen", Beilageheft zum Gerichtssaal pro 1885 S. 114 fg.

trinkt, Austern isst oder eine Havanna raucht, so möchte ich den Thoren sehen, der seine Hand mit Blut beflecken wollte, wenn er das nämliche Resultat in aller Behaglichkeit des Lebens, vor Wind und Wetter, vor Polizei und Gericht sicher, erreichen könnte.

Auch v. Buri würde sich daher, wenn er mit uns in der Auffassung des Versuches auch nur in subjectiver Beziehung übereinstimmte, genöthigt sehen, ihm einen objektiven Thatbestand beizulegen, wie dies auch das Reichsgericht thut, ohne sich darum von seiner Theorie zu trennen. Denn wenn nicht jede Handlung geeignet ist, die Absicht zu verwirklichen, und wenn weiter eine Täuschung hierüber durchweg ausgeschlossen wäre, so würde die Thatseite des Versuches sich nur dadurch erweitern lassen, dass man seinem Gebiete im Gegensatz zu uns noch die Fälle zufügt, in denen die Incongruenz der Vorstellung des Thäters mit der Wirklichkeit auf einer Verwechselung beruht. Das ist der Standpunkt der subjectiv-objectiven Theorie; sie unterscheidet darum zwischen Unwissenheit (ignorantia) und Irrthum (error im engeren Sinne). Beruht die falsche Vorstellung auf Unkenntniss, so geht sie mit uns, beruht sie auf Irrthum, so geht sie mit unseren Gegnern. Darum verzichtet sie auf die Bestrafung dessen, der Natron für Gift hält, während sie den, der Natron mit Gift verwechselt, nicht freigeben will.[5])

Die Theorie, der das Reichsgericht anhängt, ist darin consequenter; sie erkennt an, dass die falsche Vorstellung von der Aussenwelt, der Irrthum in dem einen und anderen Sinne, einheitlich zu behandeln sei und sie erweitert darum das Versuchsgebiet abermals um die spärlichen Fälle, in denen der Einzelne nicht weiss, was wir Alle wissen. Selbstredend ist damit die objective Seite des Versuches nicht entschwunden, sondern im Gegentheil noch um ein leicht markirbares Stück vergrössert. Das Gebiet, das wir ihm concedirt haben und das darüber hinaus die subjektiv-objektive Theorie bean-

---

[5]) S. meine Versuchslehre S. 319 flg.

spricht, hat damit den Zuwachs erhalten, den die Fälle, in denen Unwissenheit und Aberglaube sich bis in unsere Tage hinein erhalten haben, zulassen.

v. Buri müsste daher, wollte er seine Versicherung, dass dem Versuch die objektive Seite abgehe, zur Wahrheit machen, die Doktrin der italienischen Praktiker in ihrem vollsten Umfang reactiviren und die colloquia et basia als praecedentia veneris, das emere venenum und das ambulare cum telo als Aeusserungen eines verbrecherischen Willens unter seinen Versuchsbegriff ziehen. Dann erst wäre der Kreis derart erweitert, dass er sich in's Ungemessene verlieren würde; dann erst wäre man allenfalls berechtigt, dem Versuch das Negativmerkmal der mangelnden Vollendung zu geben.

Freilich wäre damit dem Versuch, der sich von dem, den wir kennen, nur in subjektiver Beziehung unterscheiden soll, noch ein zweiter hinzugefügt, der von ihm subjectiv und objectiv differirte. Allein auch hiergegen weiss sich die Theorie, die wir bekämpfen, Rath[6]). Sie giebt den beiden Arten, die damit zu Tage treten, einen gemeinschaftlichen Namen und operirt dabei mit jener Duplicität der Absicht, die ich bereits anderweitig gekennzeichnet habe[7]), mit einer solchen, welche die Willensintention ausdrückt, dass aus der verübten That, die Folge hervorgehen soll, und mit einer solchen, welche den Entschluss, die That zu verüben, bezeichnet. — und der Schein der Einheitlichkeit ist gewahrt, der unhaltbaren Lehre der deckende Mantel umgehüllt.

Die disjecta membra zeigen sich erst in ihrer wahren Gestalt, wenn man der Maske ihre Larve abnimmt.

Augenscheinlich ist sich v. Buri über den Unterschied zwischen Manifestation des verbrecherischen Willens und der Negation des objectiven Thatbestandes des Versuches nicht

---

[6]) S. 111 fg. Uebrigens ist der Versuchsbegriff, den ich soeben bekämpft habe, der allen modernen Legislationen zu Grunde liegende; er kehrt in jeder Theorie, gegen die ich mich gewendet habe, wieder. cfr. S. 131 fg. An ihm laborirt die heutige Wissenschaft.

[7]) S. 133. 134.

recht klar. An der einen Stelle deuten seine Redewendungen darauf hin, dass er der ersteren, an der anderen, dass er der letzteren Alternative zuneige[8]), woraus sein Schwanken in der Beurtheilung der Vorbereitungshandlungen, die er bald seinem Versuchsbegriff unterstellt, bald wieder entzieht[9]), sich von selbst erklärt. In der That ist er auch hier vor eine schlimme Wahl gestellt.

Subsummirt er die Vorbereitungshandlungen unter seinen Versuchsbegriff, so wäre damit seine Behauptung, dass der Versuch des Irrthums nicht entbehren könne[10]), beseitigt, thut er dies nicht, so wäre damit wieder seine Versicherung, dass es auf den objektiven Thatbestand nicht weiter ankomme, nicht vereinbar.

Damit wäre die v. Buri'sche Theorie widerlegt. Wir haben uns an ihrer Stelle nur noch mit der Ansicht von Köstlin zu befassen, wonach die Divergenz zwischen Vorstellung und Wirklichkeit das Charakteristikon des Versuchs sein soll[11]). Denn dadurch, dass wir dem Versuch gegenüber der v. Burischen Lehre den objectiven Thatbestand gerettet haben, haben wir noch nicht den Nachweis, dass Versuch und Mangel im Thatbestand verschiedene Begriffe seien, erbracht. Nur vereinfacht hat sich dadurch unsere Aufgabe insofern, als es sich jetzt nur noch darum handeln kann, den Beweis dafür zu erbringen, dass die irrige Vorstellung des Thäters nicht im Stande ist, den Mangel im Thatbestand in Versuch umzusetzen. Dieser Beweis lässt sich aber indirekt und direkt führen; indirekt dadurch, dass wir darthun, dass damit zwei Arten des Versuches geschaffen werden, welche der einheitlichen Charakteristik widerstehen, und direkt dadurch, dass wir nachweisen, dass der Dolus des Thäters einen mangeln-

[8]) a. a. O. in v. Liszt's Zeitschr. S. 199 und im Gerichtssaal S. 361 einer- und ebenda S. 371 andererseits.

[9]) S. meine Versuchslehre S. 171 und Beilageheft im Gerichtssaal pro 1885 S. 121. 122.

[10]) v. Liszt's Zeitschr. S. 191.

[11]) System: S. 224.

den und mithin rechtlich unerheblichen Thatbestand in einen rechtlich erheblichen Thatbestand umzugestalten nicht im Stande ist.

Anlangend den indirekten Beweis, so habe ich bereits anderweitig gezeigt[12]), dass wenn man das Versuchsgebiet, wie wir es abgegrenzt haben, um das, auf dem der faktische Irrthum herrscht, vermehrt, damit ein neuer Scheinbegriff gebildet wird. Der Art nämlich, die wir als Versuch bezeichnen, ist die Divergenz zwischen Vorstellung und Wirklichkeit nicht eigenthümlich, die Art dagegen, die ihr noch hinzugefügt werden soll, kann ihrer nicht entbehren. Damit kommt der einen Species ein Merkmal zu, das der anderen abgeht; die Subsumirung beider Arten unter einen Begriff ist dadurch ausgeschlossen.

Geier ist mir hierin beigetreten[13]). Das Reichsgericht hat mich bisher einer Widerlegung nicht gewürdigt. Dagegen ist sie von v. Buri[14]), Lammasch[15]) und Baumgarten[16]) versucht worden. Sie alle belehren mich, wenn auch in der Form verschieden, so doch dem Sinne nach einig, dass beide Arten einander darin gleichständen, dass der Glaube des Thäters, er werde seine Absicht verwirklichen, sich als hinfällig erweise. Baumgarten ist der guten Sache, für die er streitet, so sicher, dass er noch hinzufügt:

> Diese zwei Arten des Irrens wegen der Verschiedenheit ihrer Erscheinungsform mit einander in Gegensatz zu stellen, ist eine laienhafte, an Unwesentliches sich klammernde Auffassung, wie man sie von Geier am wenigsten erwarten sollte,

während Lammasch mir bemerklich macht, dass wenn ich zwischen Irrthum und getäuschter Erwartung unterscheide,

---

[12]) in Goltdammer's Arch. a. a. O. S. 371.

[13]) in v. Liszt's Zeitschrift Bd. I: Ueber die s. g. untauglichen Versuchshandlungen S. 41.

[14]) a. a. O. S. 191.

[15]) a. a. O. S. 277.

[16]) a. a. O. S. 309 und 315.

übersehe, dass es auf den Namen nicht ankomme, die Hauptsache bleibe, dass der Thäter von der irrigen Voraussetzung ausgehe, er werde sich causal erweisen.

Dass ich damit nicht widerlegt bin, bedarf wohl keiner weiteren Ausführung. Anstatt mich mit Gründen zu bekämpfen, verlangen meine Widersacher von mir, dass ich von der Verschiedenheit der beiden Arten des Versuches um deswillen abstrahire, weil sich von einem anderen Gesichtspunkt aus eine Gleichheit zwischen ihnen gewinnen lasse. Mit dem nämlichen Rechte könnten sie mir entgegenhalten, dass ich, wenn ich zwischen Ehebruch und Nothzucht unterscheide, damit meine ganze Laienhaftigkeit an den Tag lege, die Hauptsache bleibe, dass beide Verbrechen gegen die Sittlichkeit seien. Wer sich zu solchem Fluge aufschwingt, dem werde ich vergeblich den Unterschied zwischen einem Irrthum in Thatsachen, der Divergenz zwischen der Vorstellung und der Wirklichkeit, und der getäuschten Erwartung, der Divergenz zwischen dem, was der Thäter will, und dem, was die Zukunft bringt, auseinandersetzen; in ihren Augen ist es gleichgültig, ob mir ein Loos, das als Niete gezogen ist, oder ein Loos, das späterhin mit einem Gewinn nicht herauskommt, verkauft wird; denn in beiden Fällen hätte ich mein Geld umsonst ausgegeben. Wer sich mit elementaren Satzungen der Rechtswissenschaft in solcher Weise abfindet, der mag nur noch einen kleinen Schritt weiter gehen und erklären, dass dem Versuch der Irrthum in der Weise eigenthümlich sei, dass sich bei ihm der Glaube des Thäters, er werde die Vollendung herbeiführen, als hinfällig erweist. Bildet er dabei in seinen Gedanken den Gegensatz der Vollendung in doppelter Weise, indem er ihr bald den Anfang, bald die Nichtexistenz des Thatbestandes gegenüberstellt[17]), so wird es ihm unschwer fallen, mich zu widerlegen, wenn ich die Möglichkeit des Versuches einer Handlung leugne. Und in der That: so wird es auch gemacht. Der objectiven Theorie

---

[17]) S. Hierüber meine Versuchslehre S. 23 fg.

wird vorgeworfen, dass sie Versuch und Anfang identificirt und auf die Art des Versuches, die einen aliquoten Theil der Vollendung ausmacht, wird nicht verzichtet[18]).

Um meine Meinung frei zu äussern, nicht durch die Kraft der Gründe, sondern durch das Doppelspiel, das mit uns getrieben wird, sind uns unsere Gegner überlegen.

Anlangend den direkten Nachweis, so erkennen unsere Gegner an, und hierüber kann auch eine Meinungsverschiedenheit nicht sein, dass, wenn es sich um die eine Schuldart, die Fahrlässigkeit handelt, eine Handlung, die der gesetzlichen Charakteristik entbehrt, criminalrechtlich keine Bedeutung habe. Würde also beispielsweise das Gesetz auch die fahrlässige Sachbeschädigung bestrafen, so wären wir Alle darüber einig, dass einer That, bei der es sich um die Beschädigung der eigenen Sache handelt, die aber der Thäter für eine fremde hielt, die rechtliche Relevanz abgeht. Bei der andern Schuldart, beim dolus, werden dagegen abweichende Grundsätze gelehrt; was bei der culpa rechtlich bedeutungslos ist, soll durch den dolus unter dem Titel Versuch rechtlich bedeutungsvoll werden. Nun leuchtet aber ein, dass die Vorstellung des Thäters an der objectiven Beschaffenheit der Dinge nichts zu ändern vermag; die Sache bleibt eine fremde,

---

[18]) Baumgarten, der S. 394 erklärt, dass der Anfang mit Versuch nicht identisch ist, und nur 3 Seiten später es für zweifellos erachtet, dass im Fall des § 146 Beginn mit Versuch zusammenfällt.

v. Buri, der beharrlich erklärt, der Versuch habe keinen objectiven Thatbestand, und dennoch den Anfang der Ausführungshandlung als Versuch ausgiebt (Ger. S. S. 359. 360) Lammasch: das Moment objectiver Gefährlichkeit im Begriff des Verbrechensversuches, der Geier S. 15 bekämpft, dass er den Versuch zum aliquoten Theil der Vollendung mache, und die unterbrochene Ausführungshandlung zum Versuch stempelt. S. 71.

Dagegen lässt sich gegen das Reichsgericht, wenn es den Versuch zum aliquoten Bestandtheil der Vollendung macht, ein gleicher Vorwurf nicht erheben, da der Versuchsbegriff, von dem der Gesetzgeber ausgegangen ist, hierzu nöthigt. (cf. die Entsch. des Reichsger. Bd. VI S. 46. Bd. VII. S. 55. Bd. IX. S. 82. 86. Bd. XIII S. 42. S. 254 u. s. w. einer- und meine Versuchslehre S. 17—128 andererseits).

ich mag sie für eine eigene halten oder nicht. Auch der dolus ist nicht im Stande, einen Leichnam in einen Menschen umzuwandeln.

Hierüber kann meiner Ansicht nach kein Zweifel bestehen, und er besteht auch in der That nicht. Nur täuschen sich unsere Gegner, so überraschend es klingen mag, wenn sie behaupten, dass bei ihnen der dolus eine andere Rolle spiele, wie bei uns. Unschwer überzeugen wir uns davon. Wir brauchen ihnen nur die Delikte entgegen zu halten, welche kraft positiver Satzung dem Versuchsbegriff nicht unterstellt sind, — und ihre Fehde mit uns ist ausgetragen. Auch sie müssen anerkennen, dass der Schlosser, welcher mit Genehmigung des Hausbesitzers einen Hausschlüssel anfertigt (§ 369 No. 1 R. Str. G. B.) eine criminalrechtlich indifferente That begeht, mag er auch immer seinen Auftraggeber irrthümlich für einen im Hause wohnenden Schlafgesellen gehalten haben. Die Sache würde sich bei ihnen erst ändern, wenn der Gesetzgeber die Uebertretung, mit der wir exemplificirt haben, dem Versuchsbegriff unterstellen wollte. Anstatt ihm entgegenzuhalten, dass dies nicht angänglich sei, indem mit der Ausscheidung eines einzigen Merkmals aus der einmal gegebenen Charakteristik der Handlung der ganze Thatbestand zusammenfalle, wird nunmehr das, was bis dahin nur subjectiv rechtswidrig war, für objectiv rechtswidrig ausgegeben. Wir überzeugen uns so, dass nicht der dolus, sondern die Ueberspannung des heutigen Versuchsbegriffes, der kein Delikt ausschliesst, zu der Fiktion drängt, gegen die wir uns wenden. v. Buri aber mag hieraus entnehmen, wie sehr er fehl geht, wenn er mich, der ich den heutigen Versuchsbegriff als zu weit gefasst gekennzeichnet habe, mit der Bemerkung abfertigt, dass gerade seine gewaltige Ausdehnung Zeugniss von seiner Güte ablege[19]).

Man wende mir nicht ein, dass ich zu Unrecht von einer Fiktion spreche; das fehlende Moment werde nicht als vor-

---

[19]) a. a. O. Gerichtssaal pro 1880 S. 359.

handen erachtet, sondern komme nur bezüglich der Zurechnung in Betracht. Denn die Zurechnung setzt eine rechtlich erhebliche That voraus; eine Handlung aber, welcher die gesetzliche Charakteristik abgeht — und auch die Versuchshandlung macht hiervon, wie wir gesehen haben, keine Ausnahme — ist rechtlich unerheblich. Wie ich mich mit meiner bona fides nicht zu entschuldigen brauche, so lange ich nichts verbrochen habe, so ist mir auch der dolus unnachtheilig, so lange ich nicht der Norm zuwiderhandle. Darum tritt gerade in der Zurechnung des mangelnden Deliktsmerkmals zum dolus die Fiktion, von der ich spreche, zu Tage. Dass man sie mit dem Namen Versuch belegt, ändert an der Sache nichts.

Die Theorie, die ich angreife — und leider ist sie die unseres höchsten Gerichtshofes — lehrt mithin, um mich durch ein Beispiel anschaulicher zu machen, also:

> Für den Thatbestand der Vollendung sind die gesetzlichen Merkmale gegeben, nicht für den Versuch. Darum kann der, welcher den eigenen Hund tödtet, ihn für einen fremden haltend, nicht eine vollendete Sachbeschädigung begehen, nichts aber steht im Wege, ihn des Versuches, einen fremden Hund zu tödten, anzuklagen.

Wir ersehen daraus, der eigene Hund spielt hier gar keine Rolle; der fremde Hund gilt als Gegenstand des Angriffs. Nun kommt es mir aber nicht darauf an, noch einen zweiten Hund im Interesse der Wissenschaft zu opfern — und das Bild ändert sich mit einem Schlage. Mit der Fiktion wird gebrochen und der eigene Hund gelangt damit zu seinem Recht.

Gesetzt nämlich, ich würde den vermeintlich fremden Hund tödten und mit dem nämlichen Schuss noch einen zweiten Hund, den fremden, auf den ich es abgesehen habe und der mir zufällig in die Schusslinie gerathen ist, niederstrecken, so müsste die Theorie, der das Reichsgericht anhängt, annehmen, ich hätte den Hund, den ich gar nicht bemerkt habe, den fremden, vorsätzlich getödtet. Der dolus war ja gegen mich bereits festgestellt. Nun ist das Thier todt. Wille und That decken sich — ich wüsste nicht, was man zum Thatbestand der Vollendung noch mehr erfordern könnte. Umgekehrt wäre der eigene Hund casuell untergegangen, galt er doch als gar nicht vorhanden. Dass ich auf ihn gezielt und ihn, wie ich gewollt, getroffen, käme dabei nicht in Betracht.

Wir überzeugen uns, dass wir es in der That mit einer Fiktion zu thun gehabt haben, einer Fiktion der schlimmsten Art, indem mit ihrer Hülfe die Grundsätze über den Thatbestand, auf denen unsere ganze Rechtssicherheit beruht, beseitigt werden. Aber nur eine einzige Consequenz, und das, was soeben noch Versuch war, ist dem Mangel im Thatbestand zurückgegeben.

Damit glaube ich mein Versprechen, die Identificirung von Versuch und Mangel im Thatbestand als unzulässig nachzuweisen, erfüllt zu haben.[20])

§ 3.

Das unvollendete Verbrechen.

Aber was anfangen, so höre ich diejenigen, welche mir bisher gefolgt sind, zweifelnd fragen, mit den Delikten, die von dem mir aufgestellten Versuchsbegriff nicht erfasst werden? Nun, wir haben das, was wir immer thun müssen, wenn

---

[20]) Höchst eigenthümlich ist die Entsch. des Reichsger. — III: Strafsenat — vom 30. März 1883 Bd. VIII. S. 199, welche, im Grunde genommen, nur besagt, dass man von dem Subject der Verbrechens weder beim Thatbestand der Vollendung noch beim Versuch abstrahiren könne. Dies ist auch mir ganz einleuchtend. Dagegen verstehe ich nicht, wie daraus folgen soll, dass das Object des Verbrechens dort eine andere Bedeutung habe, wie hier. Oder sollte ich das Reichsgericht missverstanden haben und dasselbe besagen wollen, dass, wenn ein Beamter eine ihm gehörige Urkunde, welche er mit einer ihm amtlich anvertrauten, verwechselt, vernichtet oder beschädigt, Mangel im Thatbestand, wenn eine Privatperson im entsprechenden Irrthum handle, (§ 274 Str. G. B.) Versuch vorliege?

ein Begriff ein zu weites Herrschaftsgebiet für sich in Anspruch nimmt, auch hier zu thun: wir haben auszuscheiden, was ausgeschieden werden muss.

Auszuscheiden sind daher die Delikte, in welchen der Thatbestand mit der der abstrakten Charakteristik entsprechenden That abschliesst, und bei den Delikten, innerhalb deren wir einer doppelten Norm begegnen, einer solchen, welche die Handlung, aus der die Wirkung entspringen muss und einer solchen, welche die Handlung, aus der sie entspringen kann, verbietet, die Art, bei der die nämliche Voraussetzung zutrifft.

Auszuscheiden sind weiter alle zusammengesetzten Delikte. Darunter verstehe ich diejenigen, deren Thatbestand eine Mehrheit von mit einander im subjektiven Zusammenhang stehenden, im Verhältniss von Mittel zu Zweck verbundenen Handlungen erfordert.[1]) Dabei mache ich keinen Unterschied, ob der Thatbestand der Vollendung zwei oder mehrere Handlungen des Thäters erfordert, wie bei dem schweren Diebstahl, dem Raube und der Nothzucht, oder sich aus der Handlung des Thäters und einer hinzutretenden Handlung eines Dritten zusammensetzt, wie bei der Erpressung und der intellektuellen Urkundenfälschung, so dass es dahin gestellt bleiben kann, ob wir den Betrug zu der einen oder anderen Kategorie zu zählen haben. Nur davor möchte ich warnen, einen combinirten Verbrechensbegriff in den Fällen anzunehmen, in welchen der Thatbestand nur in einer, wenngleich durch die materielle Absicht des Thäters qualificirten Handlung besteht. (cf. z. B. §§ 265. 229 Str.-G.-B.)[2])

Mit dem zusammengesetzten Verbrechen habe ich mich

---

[1]) cf. meine Versuchslehre S. 603 fg.

[2]) Den nahe liegenden Einwand, dass ich damit den Raub und den schweren Diebstahl zu selbständigen Verbrechensbegriffen umforme, während man es bei ihnen nur mit einer Qualification des einfachen Diebstahls zu thun habe, habe ich in meiner Versuchslehre im Voraus bekämpft, ohne darum behaupten zu wollen, dass der § 243 Str. G. B. nicht daneben auch objective Qualificationsgründe kennt.

zeither nicht beschäftigt und brauchte dies auch nicht zu thun, weil sie ausnahmelos der Annahme eines Versuches widerstehen. Die Eigenthümlichkeit nämlich, welche das Wesen des Versuches ausmacht und darin besteht, dass eine Handlung, obwohl sie nach ihren abstrakten Merkmalen mit derjenigen übereinstimmt, die den Thatbestand erfüllt, dennoch vom Obersatz der Strafvorschrift nicht betroffen wird, beruht, wie ich wohl nicht noch besonders hervorzuheben brauche, in ihrem letzten Grunde darauf, dass das Gesetz an sie noch einen zweiten Anspruch erhebt, nämlich den, dass sie in concreto das geleistet hat, was sie in abstracto leisten kann. Daraus allein erklärt es sich, dass eine That, welche, wenn man an sie den abstrakten Massstab anlegt, mit der, welche die Consummation bedingt, identisch ist, dennoch sich von ihr, unter den concreten Gesichtspunkt gebracht, derart unterscheidet, dass sie die Deliktsmerkmale auch nicht einmal theilweise verwirklicht.

Die concrete Charakterisirung des Thatbestandes ist nun aber für den Gesetzgeber nur da angänglich, wo es ihm darauf ankommt, eine Veränderung in der Aussenwelt schlechthin, gleichviel auf welchem Wege sie herbeigeführt wird, zu verhüten. Denn dadurch, dass er die Handlung, die in concreto die Folge hervorruft, verbietet, verschliesst er zugleich die Quelle, aus der sie hervorgehen kann. Wo er sich dagegen zur Aufstellung seiner Strafvorschriften aus dem umgekehrten Grunde veranlasst sieht, wo es ihm mithin nicht sowohl darum zu thun ist, eine Veränderung in der Aussenwelt an sich, sondern nur unter bestimmten Modalitäten von den seinem Schutze anvertrauten Rechtsgütern abzuwehren, schlägt er auch den umgekehrten modus procedendi ein; er giebt die Merkmale des Thatbestandes nicht concret, sondern abstrakt an. Damit erreicht er zugleich den entgegengesetzten, ihn hier leitenden Zweck.

Nur ein bestimmter Weg zum Ziel ist ausgeschlossen, dafür aber auch jeder Schritt auf dem verbotenen Wege von der Strafvorschrift betroffen.

Damit ist zugleich auch dem Versuch seine Basis entzogen; eine That, die der abstrakten Charakteristik entspricht — und nur mit ihr brauchen wir uns, nachdem wir die Identificirung vom Versuch und Mangel im Thatbestand abgewehrt haben, zu befassen — muss den Verbrechensbegriff ganz oder zum Theil verwirklichen.

Nun beruht aber die ganze Schöpfung der zusammengesetzten Verbrechen lediglich darauf, dass es hier gilt, eine Begehungsweise zu treffen, welche eine criminalrechtlich bedeutungslose oder criminalrechtlich bereits anderweitig gewürdigte Veränderung in der Aussenwelt herbeiführt. Darum spielt hier der Satz Cicero's: Duobus modis fit injuria, aut vi aut fraude seine bedeutendste Rolle, darum geht die Beischlafsvollziehung, wenn sie durch Gewalt erzwungen wird, in den Begriff der Nothzucht, der Diebstahl, je nachdem er vermittels Gewalt gegen die Person oder gegen Sachen verübt wird, in den des Raubes beziehungsweise schweren Diebstahls über. Darum führen wir den Beweis für unsere Behauptung, dass die zusammengesetzten Verbrechen einen Versuch nicht zulassen, nicht durch die Berufung auf das positive Recht, sondern durch die Berufung auf ihre Natur, welche eine abstrakte Beschreibung der Deliktsmerkmale erfordert. [8])

---

[8]) Dem trägt auch der § 263 St. G. B. Rechnung. Das Gesetz sagt nicht, dass der, welcher durch Erregung eines Irrthums in gewinnsüchtiger Absicht das Vermögen eines Anderen beschädigt, einen Betrug begeht, sondern es giebt die Handlung, welche vermittels einer Irrthumserregung die Vermögensbeschädigung bewirkt, lediglich nach ihren abstrakten Merkmalen an. Die concrete Charakterisirung würde zu Widersinnigkeiten führen. Der, welcher seine Schulden pünktlich bezahlt, um den Glauben an seine Solvenz zu erwecken und dadurch grösseren Credit zu erlangen, wäre der Betrugsstrafe verfallen, wenn er sich nachträglich als insolvent erweist.

Umgekehrt ist § 271 Str. G. B. dadurch zu weit gefasst, dass darin der Thatbestand die concrete Charakterisirung erfahren hat. Denn da der § 348 bereits die falsche Beurkundung Seitens der Beamten vorsieht und damit zugleich die Theilnahme daran trifft, so hat der § 271 nur die Bestimmung, darüber hinaus ergänzend einzugreifen. Demgemäss bezweckt er nur die Begehungsweise zu treffen, bei der die Urkundsperson durch

Darum muss bei ihnen mit der Mittelshandlung ein Theil, mit der Mittels- und Zweckhandlung die Totalität des Thatbestandes in die Erscheinung treten.

§ 4.

Die unlösbaren Controversen.

Mit der Ausscheidung der Delikte, welche einen Versuch nicht zulassen, hätte die Wissenschaft ihre Aufgabe erfüllt, würde nicht der Begriff, an dem wir laboriren, überall da, wo er sich geltend gemacht hat — und er hat sich überall geltend gemacht — Verwirrung angerichtet haben.

Mit den zwei wesentlichsten Sätzen, die er in seinem Gefolge gehabt hat, haben wir uns bereits befasst; der eine von ihnen lehrte, Mangel im Thatbestand und Versuch, der andere, Anfang und Versuch zu identificiren. Jenen haben wir von Grund aus bekämpft, diesen haben wir schonender behandelt. Es lag dies daran, dass die italienische Doktrin nur dazu inducirt hat, ein nicht vorhandenes Merkmal im Thatbestand wegen des dolus des Thäters als vorhanden zu fingiren, nicht aber auch dazu, das, was man bei der culpa den Anfang nannte, beim dolus als Versuch zu bezeichnen. Man lehrte „Anfang und Versuch sind verschiedene Begriffe“, allein man richtete sich nicht danach. Daraus erklärt es sich, dass der Satz: „Der dolus wandelt den Anfang in Versuch um“ der Litteratur fremd geblieben ist. Aber auch nur mit dem Namen sind wir verschont worden. Denn in Wahrheit hat auch hier der dolus seine Zauberkraft ausgeübt; er war es, der thatsächlich den aliquoten Theil eines Delikts in Versuch umgestaltete und dazu führte, die Grundsätze, die man vom Versuch lehrte, auf das unvollendete Verbrechen zu übertragen. Darum gab man auch bei

falsche Angaben getäuscht und dadurch inducirt wird, eine Unwahrheit authentisch zu bezeigen. cfr. gegenüber den in der Theorie vereinzelt aufgestellten abweichenden Ansichten, Urtheil des Reichsger. vom 19. Oktober 1885 — III. Strafsenat — Entsch. Bd. XIII S. 52 fg.

ihm Mangel im Thatbestand für Versuch aus, und der ganze Unterschied zwischen den beiden Irrthümern, die wir gleichmässig bekämpfen, besteht nur darin, dass der eine sich auf alle dolosen Delikte erstreckte, der andere, weil er eben seiner Natur nach nicht weiter reichen konnte, nur das unvollendete Verbrechen durchzog.

Wir haben daher, bevor wir weiter gehen, einen Purifikationsprozess nach zwei Richtungen hin vorzunehmen; wir haben einmal die Grundsätze über den Thatbestand der Verbrechen auf dem gesammten Gebiete des Kriminalrechts in ihrer Reinheit wiederherzustellen und sodann haben wir das unvollendete Verbrechen von der Verwirrung zu befreien, die hier die Verwechselung von Anfang und Versuch angerichtet hat.

Anlangend jene erste Aufgabe, so ist gegen den Satz: „Mangel im Thatbestand und Versuch sind verschiedene Begriffe“ bald omissiv, bald commissiv, bald omissiv und commissiv zugleich gesündigt worden.

Omissiv ist gegen ihn gesündigt worden, indem man es unterliess, ihn bei der Controverse über die Grenze zwischen Vorbereitung und Ausführung zur Anwendung zu bringen[1]). Wie ich anderweitig nachgewiesen zu haben glaube, ist nämlich die uns hier beschäftigende Streitfrage dadurch entstanden, dass man den Unterschied, der zwischen Vorbereitung und Ausführung liegt, herausfühlte, und dennoch den Begriff, von dem man ausging, nicht angriff, sondern sich darauf beschränkte, einer aus ihm fliessenden Consequenz, welche man als unerträglich empfand, wenigstens die praktische Spitze abzubrechen. Dadurch verfiel man auf die Idee, zwischen einem strafbaren und straflosen Versuch zu unterscheiden, indem man mit Hülfe der Strafrechtstheorien den Nachweis zu führen suchte, dass der Staat nicht berechtigt sei, die Vorbereitungshandlungen unter Strafsanktion zu stellen. Dabei liess man aber von vornherein unerwogen, dass man,

---

[1]) S. 47—104 u. S. 109—112 meiner Versuchslehre.

wenn man die eine Art für strafbar, die andere für straflos erklärte, damit ihre Charakterverschiedenheit lehrte, während der Begriff, der beide umspannte, sie leugnete. Auch gegenüber der auffälligen Erscheinung, dass man im positiven Recht Vorbereitungshandlungen begegnete, gegen deren Bestrafung die Doktrin nichts zu erinnern fand, verhielt man sich indifferent. Anstatt in ihnen, da hier die Congruenz zwischen Begriff und Strafbarkeit hergestellt war, echte Versuchsfälle zu sehen, wich man aus und nahm zur Schöpfung der delicta sui generis seine Zuflucht. Damit gestand man auf der einen Seite zu, dass auch die Unterscheidung zwischen Begriff und Strafbarkeit nicht zu befriedigen vermochte, auf der anderen Seite beruhigte man sich doch bei ihr, indem man die sich regenden Scrupel mit der mystischen Heilkraft, die in dem lateinischen Namen lag, beschwichtigte. Die ehrwürdige Tradition, die bis zur Glosse hinaufreichte, hatte eben den Blick getrübt. So kam es, dass man, anstatt den Fehler da zu suchen, wo er lag, sich bemühte, ihn an einer Stelle zu heilen, an der er nicht heilbar ist. Denn die Grenze zwischen Vorbereitung und Ausführung, der man nachspürte, um die strafbare Art von der straflosen zu trennen, ist bisher, darüber sind wir Alle einig, nicht gefunden worden, und sie wird nicht gefunden werden, so füge ich hinzu, weil sie nicht auffindbar ist. Die Aufgabe, nämlich, die sich die Wissenschaft gestellt und die ihr der Gesetzgeber, ihrer Lehre folgend, noch ganz besonders eingeschärft hatte, lief in Wahrheit darauf hinaus, das Merkmal ausfindig zu machen, durch das die eine Spezies sich von der anderen unterschied — eine Aufgabe, die nur dadurch zu erfüllen war, dass man den Begriff, der zwei heterogene Arten umspannte, auseinanderschlug und einen neuen an seine Stelle setzte, welcher die eine erfasste, die andere ausschloss. Hätte man dies erkannt, so wäre man, auch wenn es nicht gelang, den neuen Begriff, dem man nachging, zu finden, der Wahrheit doch wenigstens insofern näher gekommen, als man gelehrt hätte, aus dem bisherigen den Mangel des Thatbestandes auszuscheiden. Ein Blick auf die Delikte, bei denen die unter Pönalsanktion gestellte Handlung im Gesetz mit voller Deutlichkeit abstrakt beschrieben ist, hätte hierzu ausgereicht; er hätte gezeigt, dass der, welcher sich zu einem falschen Eide erbietet, damit noch nicht einen Meineid begeht. Die Identificirung des Mangels im Thatbestand unter dem Titel der Vorbereitung mit Versuch hätte sich damit von selbst verboten. Damit hätte zugleich die objektive Theorie, welche insoweit mit uns geht, die Handhabe gewonnen, die Gegnerin zu überwinden. Denn entweder musste nunmehr die subjektive Theorie, den Charakterunterschied zwischen Vorbereitung und Ausführung erkennend, die Verwechselung von Mangel im Thatbestand und Versuch aufgeben und damit einen Frieden schliessen, der ihre völlige Unterwerfung bedeutet hätte, oder wenn sie dies, um den Schein der Consequenz zu retten, nicht thun wollte, zu der auch von ihr als unzulässig empfundenen Annahme eines Versuches vom Versuche gedrängt werden. Sind die Vorbereitungshandlungen Versuch und ist weiter Mangel im Thatbestand mit Versuch identisch, so wüsste ich nicht, wie man es von sich ablehnen sollte, die That desjenigen, welcher, anstatt Gift zu kaufen, sich eine Substanz, die er irrthümlich für giftig hält, beschafft, als Versuch vom Versuche zu kennzeichnen.

Mir aber bleibt an dieser Stelle nur noch übrig, eine kleine Probe auf die Richtigkeit des von mir aufgestellten Satzes: Mangel im Thatbestand liegt vor, wenn einer Handlung ein Merkmal abgeht, das ihr nach der abstrakten Charakteristik zukommen soll, zu machen; ich sage nicht — auf die Richtigkeit des von mir aufgestellten Versuchsbegriffes, weil es nicht seine Aufgabe ist, die Identificirung von Versuch und Mangel im Thatbestand abzuwehren, wenngleich er auf der Voraussetzung, dass der darin liegende Irrthum beseitigt wird, erstanden ist. Die Probe nun, die ich vorzunehmen habe, hält auch den Vorbereitungshandlungen gegenüber, wenigstens glaube ich dies, ausreichend Stich. Wer seinen Arm um den Nacken einer verheiratheten Dame schlingt, wer mit dem Dolch in der Hand seinem Nebenbuhler auflauert, hat der abstrakten Norm: Du sollst nicht ehebrechen, Du sollst keine Handlung begehen, aus der der Tod hervorgehen kann, nicht zuwider gehandelt. Der Mangel im Thatbestand ist auch hier aus dem Versuchsgebiet ausgeschieden. Damit wäre zwar die Controverse, mit der wir uns hier in ihren gröbsten Umrissen zu beschäftigen hatten, nicht gelöst, wohl aber als rechtlich bedeutungslos beseitigt. Sie hätte den natürlichen Tod gefunden, der uns von ihr, wäre sie ex lege artis behandelt worden, schon längst erlöst haben würde[2]).

Commissiv ist gesündigt worden, indem man in der Controverse über den Versuch mit untauglichen Mitteln und am untauglichen Objekt den Grundsatz lehrte und übte: Entspricht eine That der gesetzlichen Charakteristik, so ist sie strafbar, ist dies nicht der Fall, so — ist sie auch strafbar. Die Verheissung des Gesetzgebers: nullum crimen sine lege poenali ward damit in ihr Gegentheil verkehrt; denn nicht ist von ihm der selbstverständliche Satz ausgesprochen, dass eine im Strafgesetzbuch vorhergesehene Handlung mit Strafe bedroht sei, sondern er hat umgekehrt erklärt, dass eine darin nicht vorhergesehene That von Strafe verschont sei. Hier hat die objektive Theorie ihre Schuldigkeit gethan, sie hat ihre warnende Stimme, wenngleich vergeblich, erhoben. Allein die Wissenschaft hat damit die Aufgabe, die ihr hier obliegt, noch nicht erfüllt. Denn mit der Ausscheidung des Mangels im Thatbestand aus dem Versuchsgebiet ist der falsche Begriff, der die Grundsätze über den Thatbestand der Verbrechen in ihren Grundfesten erschüttert[3]), noch nicht beseitigt. Hier gilt es, einen neuen Begriff aufzustellen, der uns von dem fremden Eindringling befreit und das von ihm

---

[2]) Baumgarten: a. a. O. S. 386 giebt meine Auffassung über die Controverse mit der ihm eigenthümlichen wissenschaftlichen Gründlichkeit dahin wieder, dass ich an der Lösung verzweifle.

[3]) S. oben S. 27.

nicht beanspruchte restliche Gebiet seiner Herrschaft unterwirft[4]).

Prüfe ich nun von diesem Gesichtspunkt aus den von mir aufgestellten Begriff, — ich will keine Probe, zu der sich die Gelegenheit bietet, unversucht lassen, — so scheint er mir zu leisten, was er leisten soll. Die Art des Versuches, die wir als den berechtigten Nebenbuhler nicht anerkennen, stösst er nicht nur von sich ab, sondern überweist sie zugleich dem Mangel im Thatbestand, indem eine Handlung, welche geeignet ist, die zum Thatbestand eines Verbrechens gehörige Folge hervorzurufen, nicht vorliegt, wenn das von der Strafvorschrift geschützte Objekt nicht existirt oder der Machtsphäre des Thäters entrückt ist oder wenn Unwissenheit oder Verwechslung zur Anwendung eines Mittels geführt hat, das in Wahrheit kein Mittel ist, d. h. nicht die Fähigkeit hat, sich wirksam zu erweisen. Umgekehrt wird von ihm die Art des Versuches, über dessen Existenzberechtigung wir nicht streiten, in ihrem ganzen Umfang erfasst.

Daraus leite ich zwei Folgerungen ab:

Zunächst schliesse ich daraus, dass alle Bemühungen, einen Unterschied zwischen untauglichem Objekt und untauglichem Mittel zu etabliren, scheitern müssen, da in beiden Fällen gleichmässig Mangel im Thatbestand vorliegt. Dies zeigt auch der neueste, in dieser Beziehung gemachte Versuch[5]). Darin werden wir belehrt, dass es sich bei der Anwendung von untauglichen Mitteln um einen verbrecherischen, beim Angriff gegen ein nicht existirendes Objekt um einen

---

[4]) Selbstredend müsste der neue Begriff, wenn man unsere Ansicht nicht theilt und das unvollendete Verbrechen nicht von Hause aus dem Versuchsbegriff entzieht, auch die Art des Versuches, welche einen aliquoten Theil der Vollendung ausmacht, aus seinem Gebiete ausschliessen. Wer glaubt, dies leisten zu können, mag es versuchen.

[5]) Goltdammer's Arch. pro 1888 S. 33 fg. insbesondere wegen des unmoralischen Willens S. 65.

unmoralischen Willen[6]) handle — eine Behauptung, die in ihrem ersten Theile nur mangelhaft, in ihrem letzten überhaupt nicht begründet wird. Ich glaube darum, mich der Widerlegung jener Ansicht, soweit sie das Vorhandensein des dolus da verneint, wo wir an ihm nicht zweifeln, enthalten zu dürfen. Nur darüber möchte ich den unbenannten Verfasser aufklären, dass er, wenn er die Grenze zwischen Mangel im Thatbestand, den er als „untaugliches Objekt“ bezeichnet und der Art des Versuches, der nach ihm vorliegen soll, wenn das Objekt des Angriffs nicht existirt, durch die Unterscheidung markiren will, dass Thäter in dem einen Falle seine Absicht erreicht, in dem anderen nicht erreicht, sich in einer Selbsttäuschung befindet. Denn zu dem Unterschied, den er anstrebt, gelangt er nur dadurch, dass er sich dort über die Grundsätze über den Thatbestand hinwegsetzt, hier sie beobachtet. Darum erklärt er, dass, wenn Jemand seine eigene Sache, die er irrthümlich für eine fremde hielt, wegnimmt, die Absicht verwirklicht, wenn er dagegen auf einen Baumstamm schiesst, den er mit einem menschlichen Wesen verwechselt, nicht verwirklicht sei. Wäre er gleichmässig vorgegangen, so hätte er sich sagen müssen, dass in beiden Fällen die Absicht erreicht oder nicht erreicht sei, je nachdem man den Irrthum des Thäters in einem Merkmal des Thatbestandes für unerheblich oder für relevant erklärt. Ich möchte aber noch einen Schritt weitergehen und nochmals, wie ich dies bereits in meiner Versuchslehre gethan, darauf hinweisen, dass Derjenige, welcher glaubt, auf dem Gebiete des Versuchs die Wissenschaft dadurch zu fördern, dass er eine einzelne Controverse zum Gegenstand seines Studiums macht, sich von vornherein einer Aufgabe unterzieht, die ihm wenig Freude machen wird. Man kann nicht das einzelne Glied heilen, wenn der ganze Organismus siecht, man kann nicht eine

[6]) Baumgarten a. a. O. S. 362 macht sich die Sache noch bequemer, indem er nur einen Scheinwillen annimmt.

einzelne Streitfrage lösen, wenn der Begriff von der Wurzel bis zur obersten Spitze ungesund ist.

Weiter schliesse ich daraus, das diejenigen, welche noch immer hoffen, dass dereinst ein Deus ex machina auferstehen werde, dem es gelingt die Gegensätze zu versöhnen[7]), die Situation total verkennen. Die Controverse wird nicht gelöst werden, weil sie nicht lösbar ist. Sie kann nur auf dem Wege beseitigt werden, auf dem wir uns der über die Grenze zwischen Vorbereitung und Ausführung erwehrt haben. Denn die Verhältnisse liegen in beiden Fällen ziemlich gleich; in beiden Fällen handelt es sich im letzten Grunde darum, den Mangel im Thatbestand auszuscheiden. Zwar habe ich die Verschiedenheit betont, dass in dem einen die Wissenschaft damit ihre Aufgabe erfüllt, in dem anderen noch nicht erfüllt habe, allein in Wahrheit ist die zu leistende Mehrarbeit auch abgethan, sobald man nur den Muth hat, sich ihr zu unterziehen.

Man braucht nur, und ich will damit auch noch das letzte Geheimniss, das ich auf dem Herzen habe, preisgeben, die concrete Charakteristik des Thatbestandes in die abstrakte zu verwandeln, — und der neue Begriff tritt uns fix und fertig wie ein unverdientes Geschenk entgegen. Hätte der Gesetzgeber, wie er dies bei den Vorbereitungshandlungen gethan, auch innerhalb der Delikte, welche den Versuch zulassen, die Merkmale des Thatbestandes abstrakt angegeben[8]), so wären wir überhaupt der Mühewaltung überhoben gewesen, die eine Controverse von der anderen abgesondert und in einer Nuance abweichend zu behandeln. Darum vermag ich wenigstens nicht abzusehen, warum das Experiment, das in dem einen Falle sich bewährt hat, in dem anderen miss-

---

[7]) v. Buri a. a. O. in v. Liszt's Zeitschrift Bd. I S. 131. 132 v. Liszt: Das fehlgeschlagene Delikt und die Cohnsche Versuchstheorie in seiner Zeitschrift Bd. I. S. 107.

Baumgarten: a. a. O. S. 209.

[8]) Selbstredend wäre alsdann der Zusatz erforderlich, dass wenn die Folge eintritt, der Versuch in Vollendung übergehe.

glücken sollte, warum wir, wenn wir von der Controverse über die Grenze zwischen Vorbereitung und Ausführung durch deren natürlichen Tod befreit worden sind, die andere, die über den s. g. untauglichen Versuch, mit übermenschlichem Kraftaufwand tödten müssten, um der Sorge, die sie uns bereitet, ledig zu werden.

Commissiv und omissiv endlich ist bei den zusammengesetzten Verbrechen gesündigt worden, indem man in sie die Streitfragen über den untauglichen Versuch hineintrug. Der Unterschied, dass hier der Thatbestand im Gesetz abstrakt charakterisirt ist, wurde nicht gewürdigt. So kam es, dass die eine Theorie lehrte, eine That zu bestrafen, obwohl sie straflos war, die andere, sie nicht zu bestrafen, obwohl sie strafbar war. Der einen ist das Reichsgericht, der anderen das Obertribunal gefolgt. Jener Gerichtshof bestraft den Betrogenen, der von dem Betrüger den zu Unrecht erworbenen Vortheil heraus verlangt; ihm genügt es, dass das Deliktsmerkmal der Rechtswidrigkeit nur in der Idee des Thäters vorhanden ist[9]). Was nicht als Vollendung bestraft werden kann, sieht man beim dolus als Versuch an, so lautet doch seine leicht zu begreifende Lehre. Dieser Gerichtshof liess den Dieb, der falsche Schlüssel, um zu stehlen, anwendete, laufen. Er untersuchte, ob der Schlüsselbart zu gross oder zu klein gewesen sei und nahm dort ein absolut, hier ein relativ untaugliches Mittel an. Damit war die Sentenz von selbst gegeben. Auf die Subsumtion der That unter den abstrakten Verbrechensbegriff kam es danach nicht weiter an[10]).

Anlangend jene zweite Aufgabe, die wir uns gestellt haben, — die Purificirung des unvollendeten Verbrechens von der Verwirrung, die bei ihm die Verwechslung von Anfang und Versuch angerichtet hat — so besteht sie im Wesent-

---

[9]) Urtheil des Reichsgerichts vom 7. Juli 1884 — III. Strafsenat — in Entsch. Bd. XI. S. 72 fg.

[10]) cfr. meine Versuchslehre S. 635.

lichen darin, dem Satz, dass die ordentliche Strafe an die Consummation geknüpft sei, entgegen zu treten.

Der Umstand nämlich, dass man den dolus und das nec perficere oder wie man sich heut zu Tage ausdrückt, den Vorsatz und den Mangel der Vollendung als die Constitutivmerkmale des Versuches erachtete, hat dazu geführt, die vor der Consummation liegende Strecke anderweitig zu schützen. Dies geschah durch die poena extraordinaria; den Titel dazu gab der Versuch her. Damit wurden der Abart, mit der wir uns genügend befasst haben, dem untauglichen Versuch, noch zwei Abarten hinzugefügt, eine solche, die wir bald als Vollendung kennen lernen werden, und eine zweite, welche einen aliquoten Theil des Verbrechens bildet. Man stellte mit anderen Worten der Consummation den Beginn gegenüber und machte das, was bei der Culpa der Anfang war, beim Dolus zum Versuch. Wir werden uns hierüber nicht wundern; denn wir haben bereits gesehen, dass der dolus das Zaubermittel war, mit dem man Berge versetzte. Besass er die Kraft, ein nicht vorhandenes Merkmal im Thatbestand zur Welt zu bringen, so ist kein Grund erfindlich, warum er nicht auch die Macht haben sollte, in der Objektivität die Metamorphose zu bewirken, mit der wir es hier zu thun haben.

Freilich entging dabei der herrschenden Doktrin der arge Widerspruch, in den sie dadurch hineingerieth, dass sie bei den culposen Delikten abweichende Grundsätze lehrte. Hier erkannte sie an, dass die Deliktshandlung in allen ihren Theilen von der Strafvorschrift betroffen sei. Indem sie nun bei den dolosen Delikten im Rücktritt des Thäters einen Strafaufhebungsgrund erblickte, den sie, da er nur dem Versuch eigenthümlich war, bei den culposen Delikten nicht gelten liess, verfiel sie dem Schicksal, das der Dichter dahin schildert: vis consilii expers mole ruit sua[11]). Sie übte da, wo sie Strenge üben wollte, Milde und umgekehrt Milde, wo

---

[11]) cf. hierüber meine Versuchslehre § 21 S. 626 fg.

sie Strenge üben wollte. Denn sie gab dadurch demjenigen, der dolos handelte, ein Mittel an die Hand, sich von der bereits verwirkten Strafe zu befreien, das sie dem, der culpos handelte, versagte. Wer wissentlich einen Meineid leistete, konnte, so lange er nicht das Amen gesprochen hatte, straffrei zurücktreten, wer fahrlässig so weit gegangen war, war der Strafe unwiderruflich verfallen. Ja, nicht einmal innerhalb der dolosen Delikte war sie im Stande, die Sätze, die sie lehrte, aufrecht zu erhalten. War ein Delikt kraft positivrechtlicher Vorschrift dem Versuchsbegriff nicht unterstellt, so wurden die Principien angewendet, die man bei der culpa übte, war dies nicht der Fall, so wurde wieder auf die zurückgegriffen, mit denen man sich beim Versuch befreundet hatte. Der Widerspruch, dem so die Theorie verfallen war, pflanzte sich auf den Gesetzgeber fort.

Die Begünstigung, die er statuiren wollte, wurde damit in ein privilegium odiosum umgekehrt. Wer einen Grenzrain verringerte (§ 370 No. 1 Str.-G.-B.), war mit dem ersten Akt der Strafe unwiderruflich verfallen, wer Falschmünzerei betrieb (§ 146), konnte, wenn er die Maschinen zum Stillstand brachte, von Rechts wegen Straffreiheit beanspruchen — und dies ist noch heut der bestehende Zustand. Aber damit ist es noch nicht abgethan. Man stiess auf Delikte, bei denen die beiden Sätze: „Die Strafe ist an die Consummation gebunden und vor der Consummation hat der Rücktritt strafaufhebende Wirkung“ in ihrer Vereinigung zu Absurditäten geführt hätte. Anstatt sich gegen den Begriff zu wenden, dessen Ausfluss sie waren, suchte man auch hier, ganz ebenso, wie man dies bei der Controverse über die Grenze zwischen Vorbereitung und Ausführung, bei den delicta sui generis, gethan, dadurch zu helfen, dass man Ausnahmen statuirte. Man behandelte deshalb den Akt, der bei der Culpa der Anfang, beim Dolus Versuch war, in einzelnen Fällen, wie z. B. beim Zweikampf und bei den Fleischesverbrechen als Vollendung[12])

[12]) Baumgarten a. a. O. S. 339 übersieht mit der ihm eigenthümlichen,

— und damit war die Sache in zufriedenstellender Weise erledigt.

Wir wollen uns hierbei nicht länger aufhalten, wir wollen vielmehr nur untersuchen, wie die Strecke, welche bis dahin durch den Versuchsbegriff geschützt war, in Zukunft zu schützen wäre. Nach unserer Meinung bedarf es hierzu nicht erst einer neuen Lehre; es genügt, dass mit der, dass die Strafe an die Consummation gebunden sei, gebrochen wird — und hierzu haben wir volle Veranlassung. Denn der Satz, den wir bekämpfen, drückt nur scheinbar einen einheitlichen Gedanken aus; in Wahrheit löst er sich in drei Glieder auf:

> Bei den Delikten, welche den Versuch zulassen, besagt er, dass die ordentliche Strafe verwirkt sei, wenn die zum Thatbestand gehörige Folge eingetreten ist. Bei den Delikten, welche den Versuch nicht zulassen, wird wiederum zwischen einfachen und zusammengesetzten Verbrechen unterschieden. Bei den ersteren werden wir belehrt, dass die Strafe auf die Consummation gesetzt, bei den letzteren, dass sie verwirkt sei, wenn der Thäter seinen Zweck erreicht.

In solcher Form ist er überflüssig und schädlich, überflüssig in sofern, als wir im Grunde genommen durch ihn nur erfahren, dass die Strafe die That voraussetzt, für welche sie angeordnet ist, und schädlich insofern, als er bei den einfachen Delikten die Pönalsanktion auf den letzten Akt der verbrecherischen Thätigkeit bezieht. Obendrein werden wir durch ihn nicht darüber aufgeklärt, ob er damit nur eine Eigenthümlichkeit der einfachen Delikte und bei ihnen wiederum nur eine solche des dolus oder eine allgemein giltige Wahrheit ausdrücken will.

Wir glauben deshalb in die Vorfrage eintreten zu müssen,

---

wissenschaftlichen Gründlichkeit dies Alles dergestalt, dass er mich mit Sätzen belehrt, die ich ihm lehre und noch obendrein mich damit bekehren will!

mit welchem Akt die Strafbarkeit der Deliktshandlung, es mag sich um Dolus oder Culpa, um Versuch oder Vollendung handeln, beginnt? Nach unserer Meinung kann die Antwort nicht zweifelhaft sein: mit dem, welcher mit den abstrakten Merkmalen congruirt. Denn wenn es richtig ist, dass die Strafbarkeit einer That davon abhängt, dass der Untersatz dem Obersatz der Strafvorschrift entspricht, so ergiebt sich daraus der von uns gezogene Schluss von selbst. Die weiteren Akte werden zwar von der gesetzlichen Charakteristik in gleicher Weise wie der erste getroffen, allein sie bringen das Delikt nicht zur Entstehung, sondern sie erweitern nur seinen Umfang. Sie haben daher, wenn überhaupt, nur für die Strafzumessung Bedeutung.

Damit spreche ich keine neue Wahrheit aus, sondern ich verlange nur, dass man einen Grundsatz, den man gegenüber den culposen Delikten und gegenüber denjenigen, welche den Versuch nicht zulassen oder seinem Gebiete durch die Vorschrift des Gesetzes entzogen sind, anwendet, auf die Delikte überträgt, bei denen der Thatbestand durch eine Handlung, schlechthin verwirklicht wird. In der That können wir ihn auch gar nicht entbehren.

Bei der Versuchshandlung wären wir ohne ihn verhindert, den nicht beendigten Versuch zu bestrafen. Wir müssten, wenn wir dies trotzdem thun wollten, entweder unseren Widerstand gegen die Annahme eines Versuches vom Versuche aufgeben [13]), oder unser Gewissen, dem uns von Lammasch gegebenen Beispiel folgend [14]), damit beruhigen, dass unter Umständen eine praesumtio doli, die Ueberzeugung, dass der Thäter, wenn er nicht gestört worden wäre, weiter gegangen sein würde, ihre guten, wenngleich nicht wissenschaftlichen, Dienste verrichtet.

Bei den Delikten, welche einen Versuch nicht zulassen

[13]) Ist die Strecke vor der beendigten verbrecherischen Thätigkeit Versuch, so wäre die Consequenz nicht zu vermeiden.

[14]) Lammasch: Das Moment objektiver Gefährlichkeit etc. S. 70. 71.

oder bei denen das Gesetz seine Bestrafung verbietet, müssten wir gewissermassen den Thäter um die Erlaubniss bitten, gegen ihn eine Anklage erheben zu dürfen. Wir wären, um bei dem Beispiel zu bleiben, das ich bereits wiederholt gebraucht habe, verhindert, denjenigen, der einen Bau ohne polizeiliche Genehmigung ausführt, zu bestrafen, bevor er den Hebeschmaus giebt. Damit thäte er uns obendrein noch einen grossen Gefallen. Würde er das Dach nicht aufsetzen, so hätten wir das Nachsehen.

Bei den einfachen Delikten brauchen wir somit die poena extraordinaria nicht, oder richtiger, sie ist darum nicht anwendbar, weil, wenn der Akt, den man mit Anfang bezeichnet, noch nicht der gesetzlichen Charakteristik entspricht, ein strafbarer Thatbestand überhaupt nicht, wenn er ihr entspricht, der Thatbestand im vollen Umfange vorliegen würde. Bei ihnen kann somit nur von einem vollendeten Verbrechen die Rede sein. Dar Strafaufhebungsgrund des freiwilligen Rücktrittes ist daher bei ihnen ausgeschlossen [15]).

Ein wenig schwieriger gestaltet sich die Sache bei den zusammengesetzten Verbrechen. Bei ihnen hat uns das Gesetz zwei Strafen zur Verfügung gestellt, eine härtere und eine mildere. Darum ist hier eine doppelte Auffassung möglich. Entweder hat man davon auszugehen, dass die härtere Strafe nur den Zweck hat, den Thäter dafür schärfer zu treffen, dass er den Schaden, den er anrichten

---

[15]) Eine ganz andere Frage ist es, ob der Gesetzgeber nicht gut thut, aus criminalpolitischen Gründen Ausnahmen zu statuiren. Ich habe mich in meiner Versuchslehre hierfür ausgesprochen und namentlich auf den Widerruf des Meineides vor gefälltem Spruch hingewiesen. S. 625. Nach der Entsch. des Reichsger. III Strafsenat vom 15. März 1886 — Bd. XIV S. 22. 23 — wäre zwar hierfür eine gesetzliche Bestimmung nicht erst nöthig, allein eine Argumentation, die darin gipfelt, dass der Mensch, wenn er schweigt, in Wahrheit redet, hat doch ihre bedenkliche Seite.

Selbstredend wird der Gesetzgeber, wenn er sich dazu entschliesst, Gnade vor Recht ergehen zu lassen, dafür zu sorgen haben, dass er nicht durch Aufstellung allerlei Cautelen mit der einen Hand nimmt, was die andere giebt.

wollte, angerichtet hat, oder man muss umgekehrt davon ausgehen, dass die mildere Strafe für ihn einen Straferlass dafür bildet, dass es zu schlimmeren Dingen nicht gekommen ist. Der Gegensatz lässt sich vielleicht präciser dahin ausdrücken:

Wir stehen vor der Entscheidung, ob die Zweckhandlung als Qualification der Mittelshandlung oder ob umgekehrt die Mittelshandlung als Qualification der Zweckhandlung aufzufassen ist. Von jenem Standpunkt aus hätte die härtere Strafe den Charakter eines Strafverschärfungsgrundes, von diesem aus die mildere Strafe den eines Strafmilderungsgrundes. Wir glauben, uns für die erstere Alternative aussprechen zu müssen. Denn von einem Strafverschärfungs- oder einem Strafmilderungsgrunde kann nur unter der Voraussetzung einer ordentlichen Strafe gesprochen werden. Die ordentliche Strafe aber ist hier nach unserer Ueberzeugung auf die Mittels-, nicht auf die Zweckhandlung gesetzt.

Dies ergiebt sich bei der Kategorie der zusammengesetzten Verbrechen, bei denen der Thatbestand nur eine Deliktshandlung kennt, von selbst. Bei der dagegen, bei welcher der Thatbestand sich aus zwei Deliktshandlungen zusammensetzt, hätte die mildere Strafe überhaupt keinen Platz.

Wäre die Zweckhandlung nicht ausgeführt, so läge kein Grund zur Strafmilderung vor, wäre sie ausgeführt, so würde wieder der Grund hierzu in Wegfall kommen. Der gegnerische Standpunkt wäre somit unhaltbar, während der, den wir vertreten, zugleich der gesetzgeberischen Intention, der die zusammengesetzten Verbrechen ihre Entstehung verdanken, Rechnung trägt: das Delikt wird, wenn man an ihm festhält, principiell an der Stelle getroffen, an der es getroffen werden soll, in seiner Begehungsweise.

Hieraus ergiebt sich auch für die zusammengesetzten Verbrechen der Schluss, dass der Rücktritt als Strafaufhebungsgrund ausgeschlossen ist. Ist die ordentliche Strafe mit der Mittelshandlung verwirkt und kommt die weitere Thätigkeit des Delinquenten oder der Umstand, dass ein Dritter sich ihm fügt, nur als Strafschärfungsgrund in Betracht, so käme die Sinnesänderung auch hier zu spät [16]).

Blicken wir nunmehr auf die beiden Aufgaben, die wir uns gestellt haben, einen Moment zurück. Bei der einen haben wir gleichmässige Grundsätze für das versuchte und unvollendete Verbrechen dadurch hergestellt, dass wir Irrthümer, die auf dem einen und anderen Gebiet sich eingenistet hatten, berichtigt, bei der andern dadurch, dass wir die Grundsätze, die man auf die Versuchshandlung anwendete, auf das unvollendete Verbrechen übertragen haben. Damit hat die gesammte Versuchslehre eine Vereinfachung erfahren, wie ich sie mir grösser kaum denken kann. Denn als Differenz zwischen dem versuchten und unvollendeten Verbrechen bliebe nur die Abweichung bestehen, dass wir, während wir hier Strafaufhebungsgründe nicht anerkannt haben, dort uns zu einer gegentheiligen Ueberzeugung bekennen müssten. Wird auch in beiden Fällen, wie sich dies ganz von selbst versteht, die Strafe nur um des Geschehenen willen verhängt, so wird doch damit noch nicht der Unterschied verwischt, dass beim Versuch die Strafbarkeit auf der Vergangenheit um der Beziehung willen, die sie mit der Zukunft knüpft, ruht. Dies weiter aus einander zu setzen und die Folgerungen zu ziehen, die sich hier aus dem von mir aufgestellten Begriffe ergeben würden, ist hier nicht der Ort. Nicht um einzelne Controversen im eigentlichen Sinne des Wortes will ich in der gegenwärtigen Schrift mit meinen Gegnern rechten, sondern um die Fundamente und nur um die Fundamente, die ich zerstört und die ich gelegt habe.

---

[16]) In meiner Versuchslehre habe ich S. 623. 624 darauf hingewiesen, dass der § 46 Str. G. B. den zusammengesetzten Verbrechen gegenüber ein todter Buchstabe geblieben ist und bleiben muss. Die Entsch. des Reichsgerichts II Senat vom 12. März 1880 Bd. I S. 307 und vom 12. November 1886 Bd. XV S. 44 scheinen mir dies von Neuem zu bestätigen. Wäre es da nicht richtiger, wenn der Gesetzgeber nicht erst Hoffnungen erwecken wollte, die zu erfüllen er ausser Stande ist?

§ 5.

Die mir widerfahrene Kritik.

Damit habe ich die Grundzüge meiner Versuchslehre niedergelegt. Ich bin zwar hier und dort in der Begründung abgewichen, ich habe zwar den einen und den anderen Gedanken umgestaltet und an dem einen und anderen Satz gefeilt, allein die Basis ist unverändert geblieben. Nur der Ueberblick ist hier erleichtert, in dem ich hier, wo es mir vor Allem darauf ankam, meine Ansicht über den Versuch und das unvollendete Verbrechen zu entwickeln (§§ 1 und 3) jede Polemik thunlichst vermieden habe, während ich es in meiner Versuchslehre für meine Aufgabe erachtet habe, jeden Stein, der mir für den Aufbau störend war, aus dem Wege zu räumen.

Die Wissenschaft hatte somit eine doppelte Pflicht zu erfüllen. Sie hatte vorweg zu prüfen, ob die von mir erbrachten Gründe ausreichend sind, den heut herrschenden Versuchsbegriff zu erschüttern. Verneinte sie die Vorfrage, so hatte die weitere Untersuchung, ob es mir gelungen sei, an seine Stelle einen richtigeren zu setzen, nur secundäre, bejahte sie sie, principale Bedeutung.

Sehen wir nun zu, wie die Wissenschaft, dieser ihrer vornehmlichsten Pflicht, nicht Wahrheiten zu finden, sondern ausgesprochene Gedanken auf ihre Wahrheit zu prüfen, nachgekommen ist — eine Erörterung, in die ich nicht aus dem Grunde eintrete, um persönliche Angriffe von mir abzuwehren, sondern aus dem, um zu prüfen, ob meine Lehre gegenüber den gegen sie erhobenen Einwendungen Stand hält.

Dabei will ich hier von v. Buri[1]) abstrahiren. Fährt er doch gegen mich nur die Geschütze auf, deren Donner ich schon so oft vernommen habe, dass mein Gehör dafür abgestumpft ist. Von den ihm geläufigen Sätzen: „Ist ein

---

[1]) v. Buri: Ueber Versuch und Causalität im Gerichtssaal pro 1880. S. 321—389.

Mensch getödtet worden, so liegt der Thatbestand der Tödtung vor, ist er nicht getödtet worden, so liegt gar kein Thatbestand vor; ist das Mittel tauglich, so ist es auch wirksam, ist es unwirksam, so ist es auch untauglich; wer seinen Zweck erreicht, ist causal, wer ihn nicht erreicht, ist nicht causal", habe ich mich bereits in meiner Versuchslehre verabschiedet[2]), und es liegt deshalb für mich keine Veranlassung vor, den Schmerz, den sie mir bereitet haben, zu erneuern.

Ich habe mich daher hier nur mit v. Liszt, Lammasch und Baumgarten zu beschäftigen. Von ihnen ist keiner in die Erörterung der Vorfrage, von der ich gesprochen habe, eingetreten. Alle drei haben es somit für selbsverständlich erachtet, dass der heutige Versuchsbegriff jeden Zweifel an seiner Richtigkeit ausschliesst, und sie haben sich daher sofort gegen meine Versuchslehre gewendet, ohne zu erwägen, dass sie sich damit überflüssig belasten. War in der That das Gebäude, gegen das anzustürmen ich mich bemüht habe, so fest gefugt, dass der Kopf des Angreifers an seinen Mauern zerschellen musste, so war ihr Ausfall ein Akt übertriebener Vorsicht.

Unter ihnen hat den Reigen v. Liszt in seiner Zeitschrift eröffnet[3]). Er will von Hause aus den Gattungsbegriff des Versuches, den ich angegriffen, gewahrt wissen und er verfügt deshalb von vornherein über die beiden Arten des Versuches, von denen ich wiederholt gesprochen habe, eine solche, die Versuch, und eine solche, die nicht Versuch ist[4]). Da er überdies zwischen Vorbereitung und Ausführung nur einen zeitlichen Unterschied findet, so werden wir damit um die dritte Art des Versuches bereichert, der, wie wir gesehen haben, der Mangel des Thatbestandes

---

[2]) a. a. O. S. 156—202 und S. 488—513.

[3]) a. a. O. Das fehlgeschlagene Delikt und die Cohnsche Versuchslehre Bd. I S. 93 fg.

[4]) weil aliquoter Theil der Vollendung.

eigenthümlich ist[5]). Damit begnügt sich indess v. Liszt noch nicht, er kennt noch eine vierte Art, die den Mangel im Thatbestande aufweist, den untauglichen Versuch, und von ihm wiederum zwei Abarten, eine strafbare und eine straflose. Mannigfaltig genug sind mithin die Waffen, mit denen ausgerüstet, er die Arena betritt.

Zunächst wendet er sich gegen mein unvollendetes Delikt. Hier wirft er mir vor, dass ich den an sich unhaltbaren Unterschied zwischen formalen und materialen Verbrechen nicht begründet habe. Damit thut er mir aber in doppelter Beziehung Unrecht. Einmal übersieht er, dass ich mich damit nur einer abgekürzten Ausdrucksweise befleissigt habe und sodann ignorirt er, dass ich den Unterschied nicht aufgestellt, sondern als einen gegebenen vorgefunden habe. Deshalb müsste er, wenn er es für unwissenschaftlich erachtet, dass das Gesetz den Thatbestand bald abstrakt, bald concret charakterisirt, nicht mich, sondern den Gesetzgeber verantwortlich machen. Genügt ihm das, was ich hierüber zu verrathen wusste, nicht, so mag er, wenn er sich davon Erfolg verspricht, seinen Einfluss auf die Legislative geltend machen. So lange er dies nicht einmal versucht, wird er es mir nicht verargen dürfen, wenn ich mich über die Unterscheidungen, die mir in der Construktion der Thatbestände entgegentreten, nicht hinwegsetze.

Im Uebrigen sucht er mich durch Beispiele ad absurdum zu führen[6]). Soweit er dabei darauf hinaus will, das nirgends die Möglichkeit ausgeschlossen ist, dass der menschliche Organismus seine Dienste versagt, werde ich hierauf bei Besprechung der Lammasch'schen Kritik zurückkommen.

---

[5]) Obendrein begegnet ihm noch das Missgeschick, wie beiläufig bemerkt werden mag, dass er ein Ende ohne Anfang kennt. Nach ihm bedarf nämlich das fehlgeschlagene Delikt des Anfangs nicht (S. 94). Augenscheinlich hat er das Resultat einer Handlung mit ihrer Vornahme für gleichbedeutend erachtet.

[6]) a. a. O. S. 96.

Soweit er dagegen den Gedanken ausdrückt, dass die Unterstellung, dass das beleidigende Wort zwar gesprochen oder geschrieben, zur Cognition eines Dritten aber noch nicht gelangt sei, zur Annahme eines misslungenen Versuches ausreiche, übersieht er, dass er damit Fragen hineinzieht, die mit der Versuchslehre auch nicht entfernt im Zusammenhang stehen.

Denn anstatt zu untersuchen, ob in den Fällen, mit denen er exemplificirt, ein rechtlich erheblicher Thatbestand durch einen anderen verdrängt wird — hierin wurzelt meine Versuchslehre — weist er darauf hin, dass eine ehrverletzende Aeusserung, wenn sie über den Rahmen eines für die eigenen Ohren bestimmten Monologes nicht hinausgeht, den Thatbestand der Beleidigung noch nicht erfüllt.

Damit ist das unvollendete Delikt abgethan und der zweite Akt nimmt mit einem Vorspiel seinen Anfang, einem Vorspiel, in welchem berichtet wird, dass Alles, was ich sage, eigentlich mehr denn selbstverständlich sei, in welchem ein von mir gebrauchtes Bild in einen neuen Begriff verwandelt, ein Schulfall, den ich vielleicht nicht richtig entschieden, zum Typus aufgebauscht wird. Bei ihm will ich mich nicht weiter aufhalten, er hat nur die Bestimmung, eine lustige Unterhaltung auf Kosten meiner Person abzugeben.

Der Schwerpunkt liegt in dem, was v. Liszt über die potentielle Causalität, mithin, so scheint es wenigstens, über die Basis, mit der mein Begriff steht und fällt, vorträgt.

Im Anfang nimmt er einen Anlauf, als beabsichtige er auf meine Seite überzutreten. Denn zunächst setzt er auseinander, das uns die Erfahrung darüber belehrt, ob aus einer Handlung eine Folge entstehen kann. Nur irrt er, wenn er der Ansicht ist, dass der Schluss durch Induktion nur dann berechtigt ist, wenn der Handlung ein Ereigniss nachzufolgen pflegt[7]). Hätte er die Philosophie zu Rathe

[7]) a. a. O. namentlich S. 103.

gezogen, und ich hebe dies hervor, um das Verständniss für das folgende vorzubereiten, so würde er erfahren haben, dass unter Umständen eine einmalige Wahrnehmung ausreicht, um uns die Prognose zu gestatten, unter Umständen umgekehrt auch die wiederholte Wahrnehmung hierzu nicht genügt[8]).

v. Liszt ist jedoch nur mit den Worten, nicht mit dem Herzen auf unserer Seite. Die Trennung von uns bewerkstelligt er dadurch, dass er die Erfahrungssätze, deren Berechtigung er soeben anerkannt hat, nicht dazu anwendet, um den abstrakten Charakter der Handlung, sondern um ihre conkrete Wirksamkeit zu beurtheilen. Damit geht der Schluss, den wir durch Induction gewonnen haben, in einen solchen über, über den wir durch sie nicht belehrt werden.

Die Erfahrung sagt uns zwar, dass man mit Morphium einen Nervenreiz betäuben kann, nicht aber sagt sie uns, ob in dem gegebenen Falle die Betäubung eintreten wird. Indem von Liszt dies übersieht und damit der Identificirung von Tauglichkeit und Wirksamkeit verfallen ist, gelangt er zu dem Resultate, dem er hinneigt. Der beabsichtigte Uebertritt ins Lager der subjektiven Theorie ist damit vollzogen; denn nur noch ein kleiner Schritt weiter und der Satz, auf den von Liszt hinaus will: „Es giebt keine Handlungen, die zur Herbeiführung eines bestimmten Erfolges absolut tauglich wären", ist erwiesen. Ist er doch nur die sich aus der Verwechslung von Tauglichkeit und Wirksamkeit von selbst ergebende Consequenz.

Die Halbheit, deren sich von Liszt solchergestalt schuldig macht, kann nicht treffender gekennzeichnet werden,

---

8) Lotze: Logik S. 342. 356. Hiermit wende ich mich keineswegs, wie es den Anschein gewinnen könnte, gegen eine blosse Ungenauigkeit des Ausdruckes. v. Liszt betont vielmehr in seinem Compendium des Strafrechts S. 137 ausdrücklich, dass das Todtbeten, Nestelknüpfen und Verhexen nur darum keine gefährliche Handlungsweise sei, weil nur „in einem verschwindend kleinen Prozentsatz von Fällen der Erfolg einzutreten pflegt".

als durch den von ihm dafür erfundenen Ausdruck „nachträgliche Prognose“. Die Prognose schlechthin hat es mit der Tauglichkeit, die, welche als hinkender Bote nachkommt, mit der Wirksamkeit zu thun.

Nunmehr macht von Liszt die Nutzanwendung des von ihm so gewonnenen Resultates auf meine Lehre:

„Der Fehlschuss“, so sagt er „den ich dabei bei „Bildung des Begriffes der potentiellen Causalität „begehe, sei damit in seinem Ursprung und in seinem „Wesen“ klar gelegt; in seinem Ursprung insofern, als ich es unterlassen hätte, unsere Berechtigung mit der Erfahrung zu rechnen, philosophisch zu begründen, in seinem Wesen insofern, als ich einen durch Induktion gewonnenen Schluss „unvermerkt“ in eine begriffliche Deduktion umbilde.

v. Liszt will mir damit, um die Differenzpunkte zunächst sachlich klar zu stellen, zweierlei vorwerfen: eine Unterlassungssünde, die er für bedauerlich erachtet, und eine Begehungssünde, die darin bestehen soll, dass ich mir eine Prognose über die Wirksamkeit einer That zumuthe.

Mit dem Omissivdelikt brauche ich mich nicht zu befassen, da v. Liszt selber anerkennt, dass es einen störenden Einfluss auf meine Versuchslehre nicht gehabt hat. Des Commissivdeliktes dagegen werde ich grundlos angeklagt. Denn ich wende den Erfahrungssatz, dessen Existenzberechtigung auch v. Liszt concedirt hat, nicht an, um mir ein Urtheil über die Wirksamkeit einer That, vielmehr nur dazu an, um mir ein Urtheil über ihre Fähigkeit, eine Folge zu vermitteln, zu bilden, so dass ich in Wahrheit nur den Fehler vermeide, in den mein Kritiker „unvermerkt“ hineingerathen ist.

Was dagegen die formelle Seite anlangt, so nehme ich den Vorwurf der Unterlassung gern auf mich. Denn ich halte das Criminalrecht nicht für den Tummelplatz, auf dem man Exercierübungen mit Gedanken, die bereits Gemeingut Aller geworden und uns seit unserer frühesten Kindheit geläufig sind, zu veranstalten hat. Den Vorwurf dagegen, einen Wahrscheinlichkeitsschluss unvermerkt in einen Begriff umgewandelt zu haben, lehne ich von mir ab, indem er augenscheinlich darauf beruht, dass v. Liszt entweder eine Conclusion mit einer Definition oder einen Namen mit dem Träger des Namens verwechselt hat. Mit dem von mir aufgestellten Begriff des Versuches ist nämlich, wie dies auch gar nicht anders sein kann, dessen objektive Seite von selbst gekennzeichnet. Sie erfordert eine Handlung, welche fähig ist, die vom Thäter beabsichtigte Folge hervorzurufen. Wenn ich daher des Weiteren von potentieller Causalität gesprochen habe, so waren damit nur zwei Möglichkeiten gegeben; entweder lag die vor, dass ich, anstatt aus der von mir aufgestellten Definition die daraus herzuleitenden Schlüsse zu ziehen, ganz unmotivirt der Versuchshandlung einen neuen ihr nicht entsprechenden Charakter beigelegt oder die, dass ich mich damit nur einer abgekürzten, wenngleich vielleicht nicht glücklich gewählten, Ausdrucksweise befleissigt habe. Weder in dem einen noch in dem anderen Falle war mithin der Vorwurf, auf den es hier allein ankommt, begründet, nämlich der, dass ich die von mir gegebene Definition des Versuches durch die Confusion eines Schlusses mit einer begrifflichen Deduktion gewonnen habe. Daraus erhellt zugleich, dass v. Liszt der Situation so wenig Herr geworden ist, dass er den von mir aufgestellten Versuchsbegriff, gegen den er mit dem ganzen Getöse seines Rüstzeuges ausgezogen war, nicht einmal durch einen Angriff beunruhigt hat [9]).

Das ist die Kritik, von der v. Buri behauptet, dass mit ihr meine Versuchslehre abgethan sei [10]).

Ich könnte hiermit schliessen. Allein der Gegensatz, in dem ich zu v. Liszt stehe, ist in Wahrheit ein tieferer.

---

[9]) Vielleicht entnimmt v. Liszt schon hieraus, wie gut er daran gethan hätte, die Lektion, die ihm der greise Voitus gegeben (Voitus Controversen Bd. II S. 308 fg.), nach allen Richtungen hin zu beherzigen.

[10]) in v. Liszt's Zeitschrift Bd. I S. 207.

v. Liszt hat ihn empfunden, nicht aber ausgesprochen. Ich will mich auch hierüber rückhaltlos äussern. Jemand, der wie ich mit seiner bescheidenen Laufbahn abgeschlossen hat, hat nichts zu fürchten und nichts zu hoffen, ihm geziemt die volle Offenheit.

In der Litteratur des Criminalrechts bin ich auf eine Richtung gestossen, welche von der Ansicht ausgeht, sie handle gradezu der Wissenschaft gegenüber pflichtwidrig, wenn sie im allgemeinen Theil Begriffe aufstellen oder anerkennen wollte, welche nicht den gesammten speciellen Theil beherrschen. Der allgemeine Theil wird von ihr zunächst ohne Rücksicht auf den speciellen Theil aufgebaut. Wenn sie sich sodann den Thatbestand der einzelnen Delikte vergegenwärtigt und so auf Symptome stösst, welche geeignet sind, die Machtvollkommenheit der Potentaten, die sie zur Regierung berufen hat, in Frage zu stellen, so wird nicht der Begriff, an dem man einmal festhält, als hätten ihn die ehernen Naturgesetze geschaffen, einer Nachprüfung unterzogen, sondern man hilft sich mit einer kleinen Ausnahme oder man ergeht sich — und das ist das bei Weitem schlimmere — in Deduktionen, die von der Philosophie nur den Klang entlehnen. Auf diesem Wege kommt man über alle Unterscheidungen, die sich uns in dem speciellen Theile aufdrängen, mit Leichtigkeit hinweg. Ob Vorsatz oder Absicht, ob Wirkung oder Erfolg, ob Tauglichkeit oder Wirksamkeit — dies Alles sind Kleinigkeiten, bei denen es sich nicht der Mühe verlohnt, darüber auch nur einen Moment nachzudenken.

Ich habe die grade entgegengesetzte Richtung eingeschlagen. Ich habe zunächst den speciellen Theil zu Rathe gezogen und geglaubt, jeder Nuance, die meiner Wahrnehmung entgegentrat, nachgehen zu müssen. Meine Methode ist daher eine realistischere geworden. Sie hat mich dahin geführt, Unterschiede für wesentlich zu erachten, die diejenigen, welche gewohnt sind, die Objekte, die ich mit der Lupe betrachtet habe, mit dem Fernrohr anzuschauen, als leere Gedankenspielerei auffassen.

Daraus erklärt es sich, dass mir v. Liszt vorhält, ich hätte der Wissenschaft den Fehdehandschuh hingeworfen, daraus, dass er meine Methode als verbal-dialektische, und da er es liebt, in starken Farben aufzutragen, — pannus qui late splendeat — als unerhört frivol verbal-dialektische bezeichnet, daraus endlich, dass er, der mich im Eingang seiner Kritik als einen ebenbürtigen Kämpen anerkennt, mich in ihrem weiteren Verlauf als einen Rebellen behandelt [11]).

Ich finde nun aber, dass die Methode, der von Liszt anhängt, zwei Nachtheile in ihrem Gefolge hat. Wer gewohnt ist, sich über alle Unterscheidungen, die ihm entgegentreten, hinweg zu setzen, stumpft damit seine Beobachtungsgabe ab, und da auf dieser wiederum das kritische Talent beruht, so ergeben sich daraus von selbst die beiden Folgen, die ich als der Wissenschaft nachtheilig bezeichnet habe: das eigene Urtheil leidet, wenn es sich darum handelt, eine fremde Ansicht auf ihren Gehalt zu prüfen und die Selbstkritik wird nicht genugsam gehandhabt, wenn sie sich mit der eigenen Leistung zu befassen hat.

Für den ersten Theil meiner Behauptung glaube ich, der mir obliegenden Beweislast bereits genügend nachgekommen zu sein [12]). Was dagegen ihren zweiten Theil anlangt, so dürfte ich wohl am correktesten handeln, wenn ich an v. Liszt selber das Beispiel statuire. Nahe liegt zwar für mich die Versuchung, mit Baumgarten zu exemplificiren denn kein Schriftsteller macht mir den Nachweis, den ich zu führen habe, so leicht wie er. Mit meinem Bericht über seine Methode wäre die Arbeit abgethan [13]).

---

[11]) a. a. O. S. 98. 105. 93.

[12]) Die folgenden Erörterungen werden das Material nach beiden Richtungen von selbst verstärken.

[13]) Ich will mich hier auf folgendes Referat beschränken. Baumgarten leitet zunächst die subjektive Seite des Versuchsbegriffes a. a. O. S. 347 aus dem Satze ab:

Allenfalls wäre noch die Bemerkung hinzuzufügen, dass die Schule, gegen die ich mich wende, die Früchte zeitigt, die er zu Markte trägt. Allein ich ziehe es vor, mich an v. Liszt als den würdigeren Gegner zu halten, zumal ich dabei die Abhandlung, die er über meine Versuchslehre geschrieben, nicht zu verlassen brauche.

In ihr nimmt nämlich v. Liszt Gelegenheit, die Plenarentscheidung des Reichsgerichts über den untauglichen Versuch zu besprechen und dabei seine eigenen Gedanken vorzutragen.

Von der Ansicht ausgehend, dass das Reichsstraf-Gesetz-Buch eine Definition des Versuches gegeben habe [14]), schlägt er den Ausweg vor, Begriff und Strafbarkeit zu trennen und darum zwischen einer strafbaren und straflosen Abart zu unterscheiden.

Bleiben wir hierbei einen Augenblick stehen; noch bevor wir seine Begründung kennen, ist unsere Sentenz gesprochen.

Von vornherein ist es auffallend, dass v. Liszt als der Kritiker, der sich berufen fühlt, über eine Monographie des Versuches zu Gericht zu sitzen, nicht genügend über den Versuchsbegriff, der unserem Gesetzbuch zu Grunde liegt, orientirt ist und darum die Unterscheidung erst aufstellen will, die darin bereits Anerkennung gefunden hat. Noch

---

„Nach positivem Rechte („Entschluss — beabsichtigtes Ver-„brechen oder Vergehen) ist zur Bestrafung des Versuches Do-„lus erforderlich. Die innere Seite des Verbrechens — der Wille „als Wissen und beziehungsweise Voraussicht und die Absicht „also treibendes Motiv (v. Liszt!) ist identisch bei Versuch und „Vollendung".

Sodann zieht er daraus, dass es nicht gelungen ist, die Grenze zwischen Vorbereitung und Ausführung abzustecken, den Schluss, dass die objektive Seite des Versuchs in einer Angriffshandlung bestehe. S. 384 fg. S. 431 fasst er endlich die beiden Glieder zusammen — und die Rechtswissenschaft ist mit seinem neuen Versuchsbegriff bereichert!

[14]) In seinem Compendium S. 142 Note 4 vertritt er die gegentheilige Ansicht. Hier scheinen meine Ausführungen a. a. O. S. 33—43 auf ihn mehr Eindruck gemacht zu haben.

weit befremdlicher aber ist die Erscheinung, dass er die Controverse über die Grenze zwischen Vorbereitung und Ausführung ignorirt, sei es, dass es ihm entgangen ist, dass sie auf der Trennung zwischen Begriff und Strafbarkeit beruht, die er für eine ihm eigenthümliche Entdeckung erachtet, sei es, dass er es unterlassen hat, die Nutzanwendung zu machen. Wäre er nur ein klein wenig kritischer zu Werke gegangen, so hätte er sich nicht verhehlen können, dass er sich eine Aufgabe gestellt hat, die er selber als unlösbar bezeichnet[15]).

Hören wir nun, wie er seinen Vorschlag begründet. Zwar regen sich in ihm Scrupel darüber, wie man, wenn einmal der Gesetzgeber, wie er annimmt, eine Definition des Versuches gegeben, eine That, die der gesetzlichen Characteristik nicht entspricht, bestrafen könne. Allein zu unbedeutend ist das Bedenken, um auf ihn Eindruck zu machen. Denn er findet, dass der Gesetzgeber manche Begriffe aufgestellt habe, mit denen er es nicht ernst genommen wissen wolle. Der Gesichtspunkt, dass er damit gegen den Gesetzgeber den Vorwurf der Frivolität erhebt, ist für ihn zu kleinlich, als dass er ihn auch nur anregen sollte. Und wie, so fragen wir neugierig, beweist er eine Behauptung von so ungeheuerlicher Tragweite? Einmal damit, dass er und v. Buri, wenn es sich um einen objektiven Erschwerungsgrund handelt — wohlgemerkt um ein Qualificationsmerkmal, nicht um einen Begriff — die Sache laxer nehmen und weiter mit der rhetorischen Frage:

> Ist es möglich die Grenze begrifflich zu ziehen, unterhalb welcher die unterstützende Thätigkeit nicht mehr Beihilfe ist?

---

[15]) Darauf läuft doch seine Bemerkung in seinem Compendium S. 142 hinaus, dass der Gesetzgeber am zweckmässigsten gehandelt hätte, wenn er die Entscheidung der Controverse der Praxis überlassen hätte. Hätte vielleicht der Gesetzgeber noch besser daran gethan, wenn er alle zweifelhaften Fragen der Praxis zur Entscheidung überwiesen hätte?

Hier spricht er zwar von einem Begriff, allein er verwechselt den Begriff mit der Subsumtion der That unter den Begriff. So ist für ihn der Umstand, dass in der Praxis Fälle vorkommen, deren Entscheidung dem Instanzrichter Schwierigkeiten bereiten, ausreichend, dem Gesetzgeber zu imputiren, dass er Spiel mit seinen Worten treibe, und dieser Umstand wieder ausreichend, um daraus den Schluss zu ziehen dass die Wissenschaft als ihrer Weisheit Krone für die Praxis die Lehre aufzustellen habe:

> Wo Dich das Gesetz nicht ermächtigt, nach dem Gesetze zu strafen, wirst Du von mir ermächtigt, nach Deiner Willkür zu strafen.

Obendrein bedarf es hierzu noch eines verhältnissmässig complicirten Systems. Indem nämlich v. Liszt die Gleichartigkeit der Controverse über die Grenze zwischen Vorbereitung und Ausführung mit der, die uns hier beschäftigt, übersieht oder dies für zu unbedeutend erachtet, um es zu würdigen, überträgt er den Rath, den er dort dem Gesetzgeber gegeben hat, nämlich den, die Entscheidung der Praxis zu überlassen, nicht auf das analoge Rechtsverhältniss. Die Folge davon ist, dass er für jede der drei Arten des Versuches, die er kennt, — ich darf wohl sagen „unvermerkt —“, eine besondere Instanz schafft: über die eine soll der Gesetzgeber, über die zweite die Wissenschaft, über die dritte die Praxis entscheiden!

Nur eine kleine und obendrein noch selbstverständliche Concession, nur noch die Concession, dass es Sache des Gesetzgebers ist, über die Strafbarkeit einer Handlung zu befinden und ich habe mehr erreicht, als ich je zu hoffen gewagt hätte. Die Methode, die v. Liszt vertritt, wäre mir zum Bundesgenossen geworden und hätte die Kritik, die er gegen mich geübt, vernichtet.

v. Liszt hat aber mit den 3 Instanzen noch nicht genug, er begehrt noch die Creirung einer vierten Instanz, einer Instanz, die lediglich die Bestimmung haben soll, seine Ideen zu verwirklichen. Denn er verlangt, dass das Rechtsbewusstsein über die Strafbarkeit der untauglichen Versuchshandlungen in der Art entscheide, dass dasselbe in den Fällen, bei denen es ihm convenirt, mit dem Reichsgericht, in den Fällen, bei denen es ihm nicht convenirt, mit ihm geht. Das nennt v. Liszt einen juristischen Gedanken zur nöthigen Klarheit erheben. In seinem Compendium lässt er sich nämlich hierüber wie folgt aus:[16])

> „Wir sagen nicht: strafbar ist der gefährliche Ver-
> „such, sondern: nicht strafbar ist der ungefährliche
> „Versuch. Dass der Begriff der Gefahr ein rela-
> „tiver, ist kein Einwand gegen die Richtigkeit dieses
> „Satzes, der sich bemüht, das in uns allen vorhan-
> „dene Rechtsgefühl zur Klarheit eines juristischen
> „Gedankens zu erheben".

Die Klarheit seines juristischen Gedankens besteht hier wiederum darin, dass er der objektiven Theorie nicht zugiebt, dass der gefährliche Versuch strafbar sei, sondern der subjectiven Theorie entgegenhält, dass sie zu Unrecht den ungefährlichen Versuch bestrafe.

Danach wird es uns nicht Wunder nehmen, wenn v. Liszt zwischen der Theorie v. Buri's, der dem Versuch jeden objektiven Thatbestand abspricht, und der meinigen, die ihm einen objektiven Thatbestand in dem Umfang beilegt, dass ihm gegenüber der der Vollendung nur einen objektiven Qualificationsgrund enthält, keinen Unterschied erblickt, dass er die Frage, ob es mir gelungen ist, Mangel im Thatbestand vom Versuch abzugrenzen, für viel zu unbedeutend erachtet, um darauf näher einzugehen, und dass er schliesslich den Seufzer ausstösst, dass es ihm bei meinen Distinktionen wüst im Kopfe werde und das Auge ihm flimmere[17]).

Soweit über den Gegensatz der Methoden, oder, um im Sinne von v. Liszt zu sprechen, über meine Auflehnung gegen die Wissenschaft. Bei jeder Revolution entscheidet jedoch

---

[16]) S. 138.

[17]) a. a. O. in seiner Zeitschrift S. 195. 104. 100.

der Ausgang. Fällt die Entscheidung gegen mich aus, so mag das Todesurtheil, das bereits über mich gesprochen ist, vollstreckt werden; fällt sie für mich aus, so habe ich, der ich mich in meiner gesammten praktischen Thätigkeit nahezu ausschliesslich mit dem Civilrecht zu beschäftigen hatte, nicht gesiegt durch das Maass meines Wissens — hier erkenne ich bereitwilligst v. Liszt als den mir überlegeneren Gegner an — sondern durch die Methode, durch die von ihm verspottete Methode.

Lammasch, mit dem ich mich in meiner Versuchslehre wiederholt zu beschäftigen, volle Veranlassung hatte, findet, dass mich v. Liszt viel zu milde behandelt habe. Er greift deshalb zu drastischeren Mitteln; er fordert die Wissenschaft auf, mich aus ihrem Tempel herauszuwerfen, und da er sich mit der Wissenschaft identificirt, vollstreckt er in eigener Person die von ihm gesprochene Sentenz, indem er mir durch seine Ausdrucksweise zu erkennen giebt, dass er den Exmissionsprozess einschliesslich der Executionsinstanz als zu seinen Gunsten beendigt erachte[18]).

Hierüber würde ich kein Wort verlieren — wusste ich ja im Voraus, dass in der Versuchslitteratur Alles möglich sei — würde mich nicht der Umstand, dass er sich gegen die wichtigsten Begriffe, mit denen ich zu operiren hatte, gewendet hat, zur Replik nöthigen. Mit ihm streite ich über den Begriff der Möglichkeit, mit ihm über den der Verursachung und damit über die ganze Basis, auf der meine Lehre über das versuchte Verbrechen einer- und über das unvollendete Verbrechen andererseits ruht.

Wende ich mich zunächst dem unvollendeten Verbrechen zu, so hält mir Lammasch zweierlei entgegen: einmal, dass ich übersehen hätte, dass es in der Sphäre der Endlichkeit keine absolute Ursache gebe und weiter, dass ich in der unglückseligen Selbsttäuschung befangen sei, als sei der Mensch derart seiner Kräfte Herr, dass er da, wo er wirken wolle,

[18]) Handlung u. Erfolg in Grünhut's Zeitschr. Bd. IX. (1882) S. 293 fg.

auch verursachen müsse[19]). Weder der eine noch der andere Grund trifft jedoch zu.

Denn wenn es auch ganz richtig ist, dass eine unzählige Reihe von Voraussetzungen vorhanden sein muss, um eine verbrecherische That zu ermöglichen, so erwächst uns doch darum noch nicht die Pflicht, uns mit den criminalrechtlich unerheblichen Vorgängen zu beschäftigen. Spreche ich von einem Ehebruch, so glaube ich darüber, dass dazu zwei Menschen gehören, eine Person männlichen und eine andere weiblichen Geschlechtes, und über dergleichen Dinge mehr, kein Wort verlieren zu dürfen.

Wenn Lammasch darüber anders denkt und uns belehrt, dass der Mensch, um zu schneiden, auch ein Instrument haben müsse, mit dem er schneiden kann, so ist dies seine Sache; nur irrt er, wenn er annimmt, dass ich, wenn ich von Jemandem, der schneidet, rede, die tiefe Weisheit übersehe, die in seinen Worten liegt.

Aehnlich verhält es sich mit dem anderen Einwand. Fern sei es von mir, leugnen zu wollen, dass der Mensch ein sterbliches, unvollkommenes Wesen sei. Allein ich habe die Eigenthümlichkeit, dass ich, wenn ich von einer verbrecherischen That spreche, das Subjekt derselben als actionsfähig voraussetze. Darum rechne ich mit dem, der vor ihrer Verübung vom Tode oder von einer Lähmung überrascht worden ist, nicht weiter. Lammasch ist auch hier anderer Meinung, indess dies ist Geschmacksache, und über den Geschmack ist nicht zu rechten. Ich übertreibe nicht; denn thatsächlich drehen sich die schweren Vorwürfe, die er gegen mich erhebt, darum, dass ich Dinge nicht berücksichtigt habe, die nicht berücksichtigenswerth sind.

Vielleicht befreie ich mich von Angriffen ähnlicher Art in Zukunft besser dadurch, wenn ich meine Sprechweise verändere und in die Tonart übergehe, die man für melodischer erachtet.

---

19) a. a. O. S. 299—305.

Man könnte mir, so will ich mich gegen die wider mich erhobenen Einwendungen nunmehr decken, vielleicht entgegen halten, dass ich nur das Consequens in Betracht ziehe und die Antecedentien übergehe, dass ich die willkürlichen Bewegungen des Körpers als nothwendige Folge der Volition betrachte. Allein in Wahrheit mache ich mich einer solchen Blasphemie gegen die hohen Lehren der Wissenschaft nicht schuldig.

Ich habe vielmehr nur die Unvorsichtigkeit begangen, die Phänomene, mit denen wir es hier zu thun haben, nicht zu begründen und darum habe ich, wenn ich von einer verursachenden Handlung gesprochen habe, nicht auseinandergesetzt, dass der Naturcausalismus versagen kann, noch bevor es zu ihr kommt.

Anch die Unterbrechung, welche innerhalb der verursachenden Handlung eintreten kann, habe ich — ich kann es nicht leugnen — vom Gesichtspunkt des zerstörenden Naturcausalismus aus nicht gewürdigt. Allein ich habe in meiner Unwissenschaftlichkeit geglaubt, dass es hierauf nicht ankomme, weil die Unterbrechung, wenn der bereits in die Erscheinung getretene Akt der gesetzlichen Charakteristik entspricht, an dem Geschehenen nichts ändert. Sollte ich mich hierin täuschen, so müsste man der Unterbrechung auch bei der Culpa und bei den Delikten, welche den Versuch nicht zulassen, oder ihm nach positiver Vorschrift nicht unterstellt sind, rechtliche Relevanz zuschreiben. Denn man hat Fälle beobachtet — ich darf dies wohl als bekannt voraussetzen oder soll ich auch dies philosophisch begründen? — in denen der Tod oder ein Schlaganfall auch ausserhalb des Versuchsgebietes eingetreten ist.

Ueberdies wäre, wenn man die Unterbrechung als ein Constitutivmerkmal des Versuches ausgiebt, die unzulässige Annahme eines Versuches vom Versuche nicht zu umgehen, da nach allen Grundsätzen der Wissenschaft auch die Versuchsthätigkeit den Gesetzen des Naturcausalismus unterworfen ist. Zwar bin ich nicht im Stande, die Consequenz, von der ich eben gesprochen, als unhaltbar nachzuweisen, allein ich meine, dass derjenige, der sich mit Problemen befasst, die keiner Erklärung bedürfen, von der Zumuthung verschont bleiben sollte, Dinge zu erklären, die der Erklärung bedürfen.

Doch es ist hier nicht der Ort zu scherzen. Nur das Gefühl der Bitterkeit, das mich bei der Wahrnehmung beschlich, dass ich da verspottet werde, wo ich zu spotten habe, hat mich einen Moment hingerissen. Wir haben uns mit ernsteren Dingen zu befassen, und ernst werden sie erst, wenn ich mir die Situation mehr erschwere, als dies seitens meiner Gegner geschehen ist.

Ich habe an einer früheren Stelle als Beispiel einer verursachenden Handlung das Abschneiden von Bäumen erwähnt und dabei vorausgesetzt, dass dies manuell geschieht.

Nunmehr will ich den Fall dadurch compliciren, dass ich mich behufs Herbeiführung der nämlichen Wirkung der Mechanik bediene. Wenn die Maschine, die ich anwende, versagt, so werden meine Widersacher daraus den Schluss ziehen, dass ich zu Unrecht von einer Handlung, die die Wirkung hervorbringen muss, gesprochen habe. Allein nur scheinbar ist der Einwand begründet. Denn da ich mich in meiner ganzen Untersuchung, und ich glaube dies nicht genugsam betonen zu können, nur mit einer That befasse, welche der gegebenen Charakteristik entspricht, so hat sich in Wahrheit die Situation durch das Zwischenglied, das ich hier eingeschoben habe, nicht im Mindesten verändert.

Die Schneide an der Maschine hat keine andere Bedeutung, wie das Messer in der Hand. Versagt sie, bevor der Baum berührt ist, so liegt die Sache nicht anders, als ob das Messer der Hand des Thäters im nämlichen Moment entfallen wäre. Dringt sie in die Holzfasern ein, so steht damit der manuelle Schnitt auf gleicher Stufe.

Daraus ersehen wir, dass wir, wenn wir nur an der gegebenen Charakteristik der Handlung festhalten, ihr die Wirksamkeit nur unter der Bedingung absprechen können, dass wir von der That, in der sie mit enthalten ist, abstrahiren.

Damit ist der Gegensatz zu einer Handlung, welche eine Folge hervorrufen kann, scharf genug gekennzeichnet. Auch bei ihr macht es zwar keinen Unterschied, ob sich der Mensch seiner Organe oder der Mittel bedient, welche ihm die Naturwissenschaften zu ihrer Verstärkung an die Hand geben, ob er unmittelbar oder mittelbar auf die Aussenwelt einwirkt, ob er die Hand, um zu erwürgen, an den Kehlkopf legt oder von der Schusswaffe Gebrach macht. Allein der Gegensatz macht sich dadurch kenntlich, dass die Deficienz der Wirkung die Existenz der Handlung nicht berührt.

Aber gerade hiergegen kämpft Lammasch auf das Heftigste an. Er belehrt mich, dass ich zu dem von mir betonten Unterschied nur dadurch gelange, dass ich willkürlich in dem einen Falle mit der Gesammtheit der Antecedentien rechne und damit das Consequenz gewinne, in dem anderen dies unterlasse und damit das Consequenz verliere. Dem Abschneiden entspräche nicht das Würgen, sondern man müsse das „Abgeschnittensein" mit dem „Erwürgtsein" in Parallele bringen[20]).

Den darin liegenden Irrthum brauche ich wohl nach unseren zeitherigen Auseinandersetzungen nicht noch besonders aufzuklären; er beruht, wie bereits an einer früheren Stelle gezeigt, auf der Identificirung der Existenz einer Wirkung mit deren Umfang. Darum übersieht Lammasch, dass er in dem einen Falle zu einer bereits vorhandenen Summe den letzten Addenden, in dem anderen der Null die Wirkung hinzufügt, um zu dem scheinbar nämlichen Resultat zu gelangen.

---

[20]) a. a. O. S. 303—306.

Geht man im Wege der Subtraktion vor, so zeigt sich dies vielleicht noch deutlicher. Nimmt man in dem einen Falle die Wirkung von der Handlung fort, so bleibt von der Wirkung nichts übrig, nimmt man in dem anderen den letzten, die Totalwirkung bezeichnenden Akt hinweg, so bleibt die dadurch verminderte Summe übrig.

Lammasch ist freilich solchen Unterscheidungen unzugänglich; die Methode, der er anhängt, hat eben seinen Blick getrübt. Daraus erklärt es sich, dass er mich, wenn ich ihm Dinge zeige, die er nicht sieht, als den Taschenspieler hinstellt, der nicht sieht, was er Andern zeigt[21]). Daraus erklärt es sich weiter, dass er mir vorwirft, ich hätte die menschliche Unvollkommenheit nicht berücksichtigt, während ich ihr in weit umfassenderen Umfang Rechnung getragen habe, als er auch nur zu ahnen scheint.

Denn gerade der Umstand, dass der Mensch nicht einmal Herr der allernächsten Zukunft ist, dass sich darum zwischen That und Folge, in dem für unsere Sinne oft nicht wahrnehmbaren Zwischenraum, alle die Zwischenfälle abspielen, die jeder Voraussicht spotten, dient meiner Versuchstheorie zur Stütze: sie bescheidet sich deshalb, mit der Möglichkeit zu rechnen. Wo ich dies nicht that, hat es sich um die Herrschaft des Menschen über die unmittelbare Gegenwart gehandelt, so dass dieselbe im nächsten Augenblick bereits der Vergangenheit angehört: hier habe ich mich deshalb mit der Wirklichkeit beschäftigt.

Soweit Lammasch und seine Kritik über das unvollendete Verbrechen. Ich wende mich ihm nunmehr zu, soweit er das versuchte Verbrechen behandelt[22]). Hier ist indess meine Situation eine andere, hier bin ich, nicht er, der angreifende Theil. In seiner Schrift: „Das Moment objektiver Gefährlichkeit im Begriff des Verbrechensversuches“ hat er nämlich, von der Ansicht ausgehend, dass es sich bei der

---

[21]) a. a. O. S. 308.

[22]) a. a. O. S. 293—302.

Controverse über den untauglichen Versuch nur um eine Meinungsdivergenz bezüglich seiner Strafbarkeit handle, geglaubt, dass mit der Anregung eines neuen Gesichtspunktes die Sache abgethan sei. Das Argument aber, das er in die Wagschaale wirft und von dem er sich die Schlichtung des Streites zu Gunsten der subjektiven Theorie verspricht, besteht darin, dass er der Möglichkeit und damit auch der Gefahr jede objektive Bedeutung abspricht[23]). Um dies zu beweisen, stützt er sich im Wesentlichen darauf, dass die Unmöglichkeit der Gegensatz zur Nothwendigkeit sei, so dass man objektiv nur zwischen dem einen und anderen Begriff zu unterscheiden habe. Wenn dies verkannt werde, so hänge dies damit zusammen, dass dem Menschen die Gabe, in die Zukunft zu sehen, versagt sei. Daraus folgert er, dass möglich und unmöglich, gefährlich und ungefährlich nur „subjective Urtheile „desjenigen seien, der sich über die Causalität oder Nicht-„causalität eines Zustandes für einen anderen nicht klar ist, „weil er denselben nicht in der Totalität seiner Elemente er-„kannt hat, sodass er eben deshalb aus seinem beschränkten „Wissen heraus die erstere oder die letztere für wahrschein-„licher hält.“

Insoweit haben wir es daher mit einer Lehre, die Lammasch eigenthümlich ist, zu thun, und ich hebe dies hervor, um von Neuem Gelegenheit zu geben, zu beurtheilen, ob und inwieweit meine Behauptung, dass die von mir bekämpfte Methode die Selbstkritik abstumpft, sich als zutreffend erweist. Gegen die Lehre selbst habe ich mich in meinem Werke über das versuchte und unvollendete Verbrechen gewendet. Ich habe ihr entgegengehalten, dass die falsche Bildung der Gegensätze auf ihrer Seite liege. Denn da Nothwendigkeit und Unmöglichkeit identische Begriffe seien, indem sie die nämliche Sache von entgegengesetzten Gesichtspunkten aus bezeichnen, so führe die Negation des einen wie des anderen zur Bejahung der Möglichkeit[24]). Nur die Ausdrucksweise

[23]) ibid. S. 10—12.
[24]) S. 360—362.

sei verschieden, wenn der eine sagt, es sei unmöglich, Jemanden mit einem ungeladenen Gewehr zu erschiessen, während der Andere das Ausbleiben des Erfolges als nothwendig bezeichne.

Um mich klarer zu machen, habe ich folgendes Beispiel angeführt: Nehme ich zu einer Ziehung kein Loos, so ist es nothwendig, dass ich einen Treffer nicht erlange oder, was dasselbe ist, unmöglich, dass ich gewinne. Nehme ich ein Loos, so habe ich mir damit nur eine Gewinnchance verschafft und nicht, wozu der von Lammasch vertheidigte Standpunkt führen würde, die Gesammtheit der Gewinnchancen, nicht die Nothwendigkeit des Gewinnes, oder die Unmöglichkeit des Verlierens, sondern die Möglichkeit der einen wie andern Alternative sei damit eingetreten. Weiter habe ich geltend gemacht, dass, wenn in der That die Gefahr nur ein subjektives Urtheil prädiciren würde, der Schwebezustand, den sie herbeiführt, unaufgeklärt bliebe und ich habe darum der Lehre von Lammasch das Spiegelbild durch den Satz vorgehalten:[25])

> Stirbt Jemand, so war er in Todesgefahr, bleibt er am Leben, so war er in keiner Todesgefahr. Ist aber der Ausgang ungewiss, so enthalte man sich in der Zwischenzeit als vorsichtiger Mann eines jeden Urtheils.

Anstatt aber auf den Kern der Sache einzugehen, anstatt mich einerseits darüber aufzuklären, dass meine Auffassung von der Nothwendigkeit und Unmöglichkeit eine unrichtige sei, andererseits darüber, warum die Möglichkeit einen Schwebezustand zulässt, den die Nothwendigkeit nicht kennt, benutzt Lamasch den Umstand, dass sich in meine Entgegnung ein Druckfehler eingeschlichen und meiner Ausdrucksweise vielleicht die nöthige Correktheit gefehlt hat, dazu, um mir ein Colleg über Dinge zu lesen, die meine Wissbegierde nicht erregen, um mich zu belehren, dass es, wenn

[25]) S. 265.

man in der Lotterie gewinnen will, nicht damit abgethan sei, dass man von einem Loose spricht, sondern dass vor Allem auch eine Lotterie veranstaltet und ein Loos erworben sein müsse u. dgl. m. Allein ich brauche mich dabei nicht länger aufzuhalten. Das Zugeständniss, das ich ihm durch mein Beispiel abgenöthigt, reicht mir aus, um mich mit ihm auseinanderzusetzen. Denn da er nicht in Abrede stellen kann, dass es unmöglich ist, in der Lotterie zu gewinnen, wenn man nicht mitspielt, und nothwendig, den Haupttreffer zu erlangen, wenn man sämmtliche Loose nimmt, während bei gegentheiliger Voraussetzung nur Gewinn- und Verlustchancen vorhanden sind, so sucht er über die dadurch zu Tage tretende Differenz dadurch hinwegzukommen, dass er auch im letzteren Fall von einer Nothwendigkeit und Unmöglichkeit spricht.

> „Wer es vermöchte," so lässt er sich hierüber aus, „die Lage der Täfelchen mit den einzelnen Nummern „in der Urne und die Innervation der Muskelcontraktation des diese heraushebenden Waisenknaben oder „den Lauf der Roulettekugel vorher zu berechnen, „der würde auch dem Einen, der auf diese Nummer „spielt, sagen können: es ist nothwendig, dass du gewinnst und dem Anderen, der eine andere Nummer „hat: es ist nothwendig dass du verlierst, oder was „dasselbe ist: es ist unmöglich, dass du gewinnst." [26])

Ob Lammasch zu der Annahme der Art der Unmöglichkeit oder Nothwendigkeit, zu der er hier seine Zuflucht nimmt, durch die Hegel'sche Philosophie inducirt oder ob er zu ihr davon unabhängig gelangt ist, kann dahin gestellt bleiben; mir genügt es, zu constatiren, dass er gegen die absolute Nothwendigkeit, von der ich gesprochen habe, eine relative Nothwendigkeit, die ihm eigenthümlich ist, ausspielt [27]). Da-

---

[26]) a. a. O. S. 209.

[27]) v. Buri hat mich in ganz analoger Weise bekämpft. In meiner Abhandlung, betreffend die Plenarentscheidung des Reichsgerichts über den untauglichen Versuch Goltdammer's Arch. pro 1880. S. 361 fg. hatte ich unter Anderem geltend gemacht, dass dieselbe zu einer auffälligen

mit ist aber auch zugleich der objective Unterschied, zwischen der einen und anderen dargethan.

Ich muss gestehen, dass von allen Erscheinungen, die mir in der Litteratur entgegengetreten sind, mich keine peinlicher berührt hat, als die gegenwärtige. Anstatt dem objectiven Unterschied nachzugehen, den der gesunde Menschenverstand lehrt, stellt man sich auf den Piedestal der Gottheit, um den Funken zu vernichten, der in uns göttlich ist. Anstatt sich zu sagen, dass der Mensch, wenn er der Zukunft Schleier lüften könnte, nicht fürchten und nicht hoffen würde, wird umgekehrt daraus gefolgert, dass dadurch die Welt ein anderes Aussehen bekäme. Auch die Beispiele, die ich hiergegen angeführt habe, haben auf Lammasch keinen Eindruck gemacht; ich muss daher zu einem drastischeren greifen, einem Beispiel, zu dessen Beurtheilung er nicht erst neue Studien über die Volition und Innervation, über die Antecedentien und die Muskelcontraktation zu machen braucht — zu dem der Zeugung. Würden wir die kommenden Dinge kennen, so würde freilich die Jungfrau nicht fürchten und die junge Frau nicht hoffen. Lammasch aber war es vorbehalten, daraus den Schluss zu ziehen, dass zwischen der Beischlafsvollziehung und dem Fangen von Fliegen kein objektiver Unterschied sei.

Vielleicht entnimmt zugleich daraus die subjektive Lehre, wohin ihre Verwechslung von Tauglichkeit und Wirksamkeit führt, wie bedenklich sie sich den Bahnen Lammasch's nähert. Denn, um bei dem gebrauchten Beispiel

---

Unzuträglichkeit führe. Beim gefährlichen Versuch werde dem Thäter ein Strafaufhebungsgrund concedirt, der beim untauglichen Versuch undenkbar sei; nur dort, nicht hier, könne von der Abwendung des Erfolges die Rede sein. v. Buri hat mir darauf entgegen gehalten, dass dies nicht zuträfe; man brauche nur an den Fall zu denken, dass die Kugel ihr Ziel verfehle (in v. Liszt's Zeitschr. Bd. I S. 198). Ich rede von einem begrifflichen Unterschied, und man antwortet mir mit dem Hinweis auf eine Singularität. Selbstredend findet auch dieses quid pro quo seinen Bewunderer (cf. Goltdammer's Arch. pro 1888 S. 63).

zu bleiben, stimmt sie doch darin mit ihm überein, dass sie erklärt:

> Führt der Beischlaf zur Conception, so ist er ein taugliches Mittel zur Kindererzeugung; führt er nicht hierzu, so ist er dazu untauglich.

„Man hätte, so fügt v. Buri für den letzteren Fall „hinzu" — und er hätte darin, wenn Tauglichkeit und Wirksamkeit identisch wären, vollständig Recht — „die Sache von Hause aus ganz anders anpacken „müssen." [28])

Lammasch scheint mir daher den Tag vor dem Abend zu loben, wenn er darauf hinweist, dass er dem Reichsgericht als Leuchte für seine Plenarentscheidung gedient habe, und auf die Unfähigkeit der Criminalisten anspielt, das Problem in seiner innersten Tiefe zu erfassen. Mir aber wirft er, nachdem er mich zum Tempel der Wissenschaft hinausgestossen, noch den Besen nach, indem er mich mit Herostratus vergleicht [29]). Damit tritt er von dem Gebiet der Gefährdung auf das der Verletzung über. Konnte ich ihm dort nicht folgen, weil mir sein Flug zu hoch war, so kann ich ihm hier nicht folgen, weil mir sein Flug zu niedrig ist.

Baumgarten endlich drückt seine Ueberzeugung dahin aus, dass ich mit meinem Werke die Wissenschaft compromittirt habe [30]). Nicht einmal die Censur „fleissig" will er mir ertheilen; denn er findet — ich citire den Satz wörtlich; er zählt zu den werthvollsten, die er in seiner Monographie ausspricht, —

---

28) a. a. O. S. 272 [Gold. Arch. 1877.]

29) S. 301. Veranlassung hierzu war ihm meine Schilderung des bestehenden Zustandes der Versuchslehre, insbesondere der Satz: „Jeder Faden der uns mit ihnen (sc: den italienischen Praktikern) verbindet, muss zerschnitten, jeder Stein aus dem Gebäude, zu dem sie die Fundamente gelegt haben, heraus genommen, jeder Satz, der ihnen seinen Ursprung verdankt, beseitigt werden . . . . Eine Geistesarbeit der umfassendsten Art muss vernichtet, eine neue von Grund aus begonnen werden".

30) a. a. O. S. 333—338.

„dass die auf eine Arbeit verwendete Mühe noch
„kein Verdienst und der Fleiss eine Tugend nur ist,
„wenn er einen würdigen Gegenstand ergreift.“

Wir brauchen uns indess bei ihm nicht lange aufzuhalten; er ist nur der Trabant, der die irrenden Sterne begleitet. Seine Kritik beschränkt sich darauf, dass er jedem gegen mich erhobenen Angriff seinen vollen Applaus spendet. Dabei agirt er mit einer Lebhaftigkeit, dass sein Eifer — ich störe doch nicht durch mein Erscheinen? — der wohlverdienten Anerkennung nicht entgehen wird.

Hält mir v. Liszt entgegen, dass ich den nichtssagenden Unterschied zwischen formalen und materialen Delikten reactivire, so murmelt er: Höchst unwissenschaftlich; siehe Berner! — Sagt mir Lammasch, dass ich die Gesetze des Naturcausalismus nicht berücksichtigt habe, so stöhnt er über das immerwährende, verhängnissvolle Missverständniss, als wäre die Absicht, einen Mord oder eine Nothzucht zu begehen, im Stande, den Tod zu verscheuchen oder einen Schlaganfall abzuwenden. Wird mir vorgeworfen, dass ich in die Sphäre der Endlichkeit eine absolute Ursache einführe, so ruft er entrüstet aus:

„Seit Stuart Mill war wohl alle Welt überzeugt,
„dass ein äusserer Faktor nur in Verbindung mit
„anderen Bedingungen einen Erfolg herbeiführen
„könne.“

Warum seit Stuart Mill? Warum nicht seit Schopenhauer? — so fragte ich mich verwundert. Da verfiel ich auf die Idee, v. Liszt's Compendium, das auch im Uebrigen Baumgarten gute Dienste geleistet hat, einmal aufzuschlagen, und das Räthsel war gelöst. Der Umstand nämlich, dass v. Liszt als den vornehmlichsten Vertreter des Ursachenbegriffes, den mir Baumgarten vorhält, Stuart Mill citirt (S. 76) war für diesen zu der Annahme ausreichend, dass der deutschen Philosophie bis dahin die Lehre vom zureichenden Grunde unbekannt gewesen sei.

Nach dieser Wahrnehmung war mir die weitere Behauptung Baumgarten's dass die Kritik sich zeither mit meiner Lehre über das unvollendete Verbrechen noch nicht beschäftigt habe und er sich darum der „undankbaren Aufgabe“ unterziehen müsse, mein Werk bis an sein Ende zu verfolgen[31]), nicht wunderbar. Freilich hat er sich damit seine Position sehr erschwert. Nunmehr kann er sich nicht mehr auf die Gedanken, die meine Widersacher ausgesprochen haben, stützen, allein er ist ein homme de ressource und greift darum zu den Gedanken, die er mir entlehnt. Darum hält er mir hier den von mir vertheidigten Satz, dass ein Verbrechen vollendet sein kann, ohne dass die Deliktshandlung beendigt zu sein braucht, entgegen; die Folgerung, die daraus zu meinen Ungunsten zu ziehen wäre, überlässt er der Sorge Anderer.

Dass er, wenn er mit von Liszt und Lammasch geht, die Faust gegen mich, wenn er mit mir geht, die Faust gegen sich erhebt, ist für ihn ein zu feiner Unterschied, als dass er ihn ohne sinnliche Darstellung bemerken sollte.

Doch ich will ihm nicht Unrecht thun und den einzigen Gedanken, den er producirt, nicht unterdrücken.

Der Umstand nämlich, dass ich bei den zusammengesetzten Verbrechen die Mittelshandlung nicht der Strafe der Vollendung unterwerfe, ist in seinen Augen ausreichend, folgende Conclusion daran zu knüpfen:

> „Auf diese Weise zwingt die praktische Nothwendig-
> „keit — unbewusst — den Verfasser, den Versuchs-
> „begriff, welchen er aus dem Kreise dieser Ver-
> „brechen gewaltsam verbannt hat, auf Nebenwegen
> „zurückzuführen.“

„woraus zugleich“ so müsste man in seinem Sinne fortfahren — und ich thue dies, damit er sich überzeugt, dass ich seinen Geist vollständig begriffen — „unzwei-„felhaft erhellt, dass diejenigen, welche lehren, dass der „beendigte Versuch härter zu bestrafen sei als der un-„beendigte, zu der unstatthaften Annahme eines Ver-

[31]) S. 338—342.

„suches vom Versuche gedrängt werden. Vom rein „wissenschaftlichen Standpunkt aus muss daher das Ex„periment Cohn's, dem versuchten Verbrechen das un„vollendete Verbrechen gegenüber zu stellen, als ein „schwerer Missgriff beklagt werden, indem dabei der „ganze historische Entwickelungsgang der Versuchslehre „und ihr innerster Zusammenhang auf das Aeusserste „verkannt wird."

Um so bedeutsamer sind seine Leistungen auf dem Vorhof der Wissenschaft.

Wohl keinen Satz spricht er gegen mich aus, ohne sich in Ausdrücken wie „laienhaft, oberflächlich, unwissenschaftlich, naiv, frivol, unklar, abstruse, verworren, unerfahren", etc. zu überbieten; man sieht, die Vorbilder, denen er nachstrebt, sind auch hier für ihn nicht ohne Anregung geblieben.

Danach darf ich wohl mich nicht dadurch beunruhigt fühlen, dass meine Schrift den Beifall Baumgartens nicht gefunden hat. Ja, ich halte mich sogar der Mühewaltung für überhoben, in eine Kritik seiner Lehre einzutreten; ich bin der Meinung, dass sie, ohne dass ich es nöthig hätte, den Todtengräber zu spielen, den ewigen Frieden, den sie verdient, finden wird. Nur die von ihm angeregte Frage, ob er vielleicht

> „in dem Lande der Buri der richtig äquilibrirte „Geist sei, der mit der Fähigkeit philosophischer „Abstraktion ein feines Verständniss für praktische „Bedürfnisse vereinigt, und der in der Lage ist, „seine systematische Auffassung mit den Satzungen „des positiven Rechtes in Einklang zu bringen." [32])

möchte ich noch mit einem einfachen „Nein" beantworten; ich würde fürchten, dass ich ihm, wollte ich nur noch ein Wort hinzufügen, von Neuem Gelegenheit gebe, mich der Unklarheit zu beschuldigen.

---

[32]) a. a. O. S. 131 f.

Damit habe ich indess nur die Angriffe, die gegen mich erhoben worden sind, abgewehrt. Allein ich habe mich in meiner Versuchslehre mancher Unterlassungs- und Begehungssünde schuldig gemacht, über die meine Kritiker in allzugrosser Nachsicht mit Stillschweigen hinweggegangen sind. Ihre Milde entbindet mich nicht von der Verpflichtung, gegen mich die Strenge zu üben, mit der sich der zu beurtheilen hat, der es mit seiner Sache ernst nimmt.

Meine Unterlassungssünden bestehen aber darin, dass ich die Consequenzen, die sich aus meinen beiden Fundamentalsätzen: „Der Versuch einer Handlung ist undenkbar“ und „die Versuchshandlung ist identisch mit der Consummationshandlung“, von denen der eine dem unvollendeten, der andere dem versuchten Verbrechen zur Basis dient, ergeben, nicht gezogen habe. Insoweit habe ich daher Versäumtes nachzuholen.

Was zunächst den ersten Satz anlangt, so wäre mir vielleicht manche Lektion über die Antecendentien und den Naturcausalismus erspart geblieben, hätte ich darauf hingewiesen, dass er allein die Erklärung für ein Axiom abgiebt, zu dem wir uns allseitig bekennen. Denn wenn wir uns im beiderseitigen Lager mit einer in unserer Lehre seltenen Uebereinstimmung gegen die Annahme eines Versuches vom Versuche wehren, so wüsste ich wenigstens nicht, wie man anders die Unzulässigkeit der uns widerstrebenden Consequenz beweisen wollte. Wer daher mich angreift, dass ich den Versuch des Ehebruches, der Beleidigung, des Hausfriedensbruches leugne, der gebe mir zuvor Rechenschaft darüber, weshalb er hier die Grundsätze bestreitet, die er auf die Versuchshandlung anwendet.

Was sodann den zweiten Satz anbetrifft, so wäre die folgenschwere Verwechslung zwischen Versuch und Mangel im Thatbestand nicht entstanden, wenn man sich darüber genügend klar gewesen wäre, dass jede Strafe eine gesetzlich charakterisirte Handlung voraussetzt. Alsdann hätte man sich gesagt, dass der Umstand, dass die Merkmale der Deliktshandlung in dem einen oder anderen Verbrechensbegriff nicht scharf hervortreten, uns nicht zu dem Schluss berechtigt, der Gesetzgeber habe von ihrer Angabe abstrahirt. Dies ist aber der Schluss, auf dem die subjektive Theorie in ihrem innersten Grunde beruht. Sie glaubt, dass wenn der Thatbestand conkret charakterisirt ist, die Wirkung das einzige Merkmal des Verbrechensbegriffes ausmache und gelangt dadurch zu der Annahme, dass dem Versuch der objektive Thatbestand abgehe. Wer für den Thatbestand der Vollendung nur die Eins kennt, dem bleibt für den des Versuches nur die Null übrig. Der Satz, dass „im Versuch der verbrecherische Wille diejenige Erscheinung sei, gegen welche das Strafgesetz sich richtet[32a]) war damit zum Postulat der Nothwendigkeit geworden.

Kein Schriftsteller ermöglicht es uns, in die Quelle, aus der der Irrthum entsprungen ist, so tief hineinzuschauen wie v. Buri. Denn aus ihr hat er die Idee geschöpft, auf die er alle weiteren Schlüsse baut.

> „„Ist ein Mensch — so sagt er wörtlich — von „einem anderen Menschen getödtet worden, so liegt „der objektive Thatbestand in seinem vollen Umfang „vor, der Wille des Thäters mag auf die Herstel-„lung des Thatbestandes gerichtet gewesen sein oder „der Effekt seinem Willen widersprechen, die Töd-„tung mag schuldvoll oder zufällig, aus Nothwehr, „durch einen zurechnungsfähigen Menschen oder einen „unzurechnungsfähigen stattgefunden haben. So ver-„hält es sich jedoch nicht beim Versuch des Ver-„brechens. Fehlt aus dem objektiven Thatbestand „der Vollendung auch nur ein Moment, so entbehrt „das Geschehene einer jeden objektiven Bedeutung.“ [33])

[32a]) Urtel der vereinigten Strafsenate des Reichsgerichts vom 24. Mai 1880 Bd. I S441.

[33]) Goltdammer Arch. pro 1877 S. 265. 266.

Um jeden Zweifel hierüber zu lösen, formulirt er die Norm, von der er bei der Tödtung ausgeht, dahin:

„Du darfst keine Handlung vornehmen, aus welcher „sich die Tödtung ergeben soll.“ [34])

Halten wir uns an den Wortlaut, so wäre die Identificirung vom Tod und Tödtung ohne Weiteres nachgewiesen; denn unter einer Handlung, aus der sich eine Tödtung ergeben soll, kann nur eine solche gemeint sein, aus der der Tod sich ergeben soll. Aber auch wenn wir annehmen wollten, dass nur eine ungenaue Ausdrucksweise vorliegt, kämen wir zu keinem anderen Resultate. Denn wir ersehen daraus, und v. Buri betont dies gegenüber der abweichenden Ansicht von Geyer noch ausdrücklich, dass er auf die Beschaffenheit der Handlung nicht das geringste Gewicht gelegt wissen will. Der Tragweite seiner Behauptung dürfte er sich indess schwerlich bewusst gewesen sein.

Denn wäre für den Thatbestand der Vollendung ausreichend: Absicht und Folge, so wäre das Todtbeten, wenn ihm der Tod nachfolgt, nicht mehr Versuch, es wäre noch eine Stufe höher gestiegen, es wäre in die Vollendung übergegangen. Der von v. Buri formulirten Norm wäre zweifellos zuwidergehandelt; eine Handlung, auf deren Charakteristik es nicht weiter ankommt, wäre geschehen, der Tod wäre eingetreten und das subjektive Bindeglied zwischen That und Folge wäre vorhanden. Dies habe auch ich in meiner Versuchslehre nicht genügend gewürdigt. In ihr habe ich mich auf den Hinweis beschränkt, dass der, welcher im Todtbeten einen Versuch der Tödtung erblickt, das Verhexen einer Kuh als versuchte Sachbeschädigung bestrafen müsste — und v. Buri hat die Consequenz als richtig gezogen anerkannt [35]). Nunmehr will ich abwarten, ob er mir auch darin beistimmen wird, dass es zum Thatbestand der Vollendung von seinem Standpunkte aus ausreichen müsste, dass

[34]) a. a. O. in v. Liszt's Zeitschrift Bd. I S. 196.

[35]) a. a. O. im Gerichtsaal pro 1880 S. 370.

in dem einen und anderen Falle die Scheinwirkung der Scheinthat voraufgeht.

Damit bin ich zugleich bei dem wichtigsten Punkte angelangt, den ich hier zu besprechen habe.

Von Seiten der gesammten subjektiven Schule wird uns nämlich die Concession gemacht, dass die Consummation eine Handlung bedingt, aus der die zum Thatbestand erforderliche Folge hervorgehen kann. Keinem ihrer Anhänger fällt es ein, Jemanden wegen Mordes anzuklagen, der sich des Natrons anstatt einer giftigen Substanz bedient hat, mag auch immer seiner That der Tod nachgefolgt sein. So wird auch von unseren Gegnern anerkannt, dass man zwischen Handlungen, welche zur Bildung des Kausalzusammenhangs geeignet sind und solchen, die dazu ungeeignet sind, zu unterscheiden habe. Wäre es anders, so würde man zu der Norm kommen, welche v. Buri als die allein richtige vertheidigt. Damit ist aber das Doppelspiel, das mit uns freilich unbewusst getrieben wird, wiederum aufgedeckt. Beim Thatbestand der Vollendung scheidet man zwischen tauglich und untauglich, zwischen gefährlich und ungefährlich, und wenn wir dies beim Versuch thun, wird uns entgegengehalten, dass wir alle Bande der Ordnung untergraben und den Versuch für vogelfrei erklären[36]).

In neuester Zeit ist es üblich geworden, die Sachlage dadurch zu verdunkeln, dass man der Handlung des Thäters, aus der nach seiner Intention eine Folge hervorgehen soll, eine solche substituirt, aus der sie nicht hervorgehen soll. Man belehrt uns, dass unter Umständen derjenige, welcher aus einem nur vermeintlich geladenen Gewehr einen Schuss abfeuern will und dadurch einen längs eines Abgrundes hinschreitenden Wanderer erschreckt, dessen Tod herbeiführen

---

[36]) Entsch. des Reichsger. a. a. O. S. 443 „die Freigebung der jede (soll wohl heissen „die“) Möglichkeit einer Vollendung (soll wohl heissen der beabsichtigten Folge“) ausschliessenden Handlungen von der Strafbarkeit als Versuch wurde die Straflosigkeit jeden Versuches zum Resultate haben“.

kann, um uns mit unserer Behauptung, dass ein absolut untaugliches Mittel, oder richtiger, dass ein Mittel, das kein Mittel ist, unfähig ist, eine Veränderung zu vermitteln, ad absurdum zu führen[37]). Damit wird jedoch das Doppelspiel nur von einer anderen Seite aus erneuert. Man überträgt es von der objektiven Seite der That auf die subjektive. Denn wenn sich auch in dem supponirten Falle der Causalzusammenhang zwischen dem Abdrücken des Gewehrschlosses und dem Tod des Wanderers gebildet haben sollte, so hätte sich doch die Absicht des Thäters nicht verwirklicht, der Erfolg wäre nicht aus der Handlung hervorgegangen, aus der er hervorgehen sollte.

Darum bleibt der Thäter auch Seitens unserer Gegner von einer Anklage wegen Mordes verschont.

Anders läge die Sache, wenn derselbe durch den nämlichen Umstand einen Schreck und durch diesen wiederum einen Absturz verursachen wollte. Würde er so seine Absicht verwirklichen und den Tod herbeiführen, so würden unsere Gegner wieder mit uns gehen und sich für die Annahme eines Mordes entscheiden.

Wir ersehen daraus, dass man uns nur dadurch zu irritiren sucht, dass man der Absicht des Thäters, deren Beurtheilung in Frage steht, eine andere Absicht unterschiebt, die er hätte haben können, aber in concreto nicht gehabt hat[38]).

Wenn nun unsere Gegner solchergestalt stillschweigend anerkennen, dass der Thatbestand sich nicht in einer Wirkung erschöpft, vielmehr darüber hinaus eine Handlung erfordert, welche sie hervorzurufen geeignet ist, so geht daraus hervor, dass mit dem Wegfall der Folge nicht der gesammte Thatbestand wegfällt, sondern dass noch die Handlung, aus

---

[37]) v. Buri. Gerichtssaal pro 1880 S. 346 und auch schon früher. cf. meine Versuchslehre S. 427.

[38]) In meiner Versuchslehre S. 461 fg. habe ich deshalb den Satz vertheidigt, dass die Verwirklichung der Absicht die Identität des Grundes d. h. der Handlung, aus der die Folge hervorgehen soll, mit der, aus der sie hervorgegangen ist, erheischt.

der sie hervorgehen kann, übrig bleibt. Damit wäre der Satz: Die Versuchshandlung ist identisch mit der Consummationshandlung erwiesen, und wenn mir darin beigetreten wird, ein Streit, der nahezu ein Jahrhundert gedauert hat, für immer beigelegt.

Der Umstand aber, dass ich in meiner gegenwärtigen Abhandlung vom Thatbestand der Vollendung ausgegangen bin, giebt mir endlich die Handhabe, die dunkelste Partie meiner Lehre aufzuhellen. Denn die von mir aufgestellte Behauptung, dass wir bei einzelnen Delikten einer doppelten Begehungsweise begegnen, ist allgemein mit einem ungläubigen Kopfschütteln begleitet worden. Mir ist dies nur ein erneuter Beweis dafür, wie tiefe Wurzeln der Irrthum, dass das Gesetz, wenn es den Thatbestand nicht abstrakt beschreibt, sich jeder Charakteristik der Deliktshandlung enthalte, gefasst hat. Denn wenn Jemand behaupten wollte, dass bei der einen Voraussetzung immer nur von einer einzigen Norm die Rede sein könne, so würde er dem nämlichen Spott verfallen, mit dem ich verfolgt worden bin, weil ich erklärt habe, dass unter der anderen bisweilen zwei Normen concurriren. Dass der Thatbestand des betrüglichen Bankeruttes (§ 209 R. Str. G.) zwischen sechs Begehungsweisen unterscheidet — Verheimlichung von Vermögensstücken; bei Seite Schaffung von Vermögensstücken; Fiktion von Schulden oder Rechtsgeschäften, unterlassene Führung von Handelsbüchern; Fälschung von Handelsbüchern; Vernichtung von Handelsbüchern — fällt Niemandem auf. Wenn ich aber behauptet habe, dass die Sachbeschädigung und die Urkundenfälschung eine doppelte Norm kennen:

> Du sollst keine Handlung begehen, aus der die Veränderung sich ergeben muss oder sich ergeben kann!

so wurde ich als ein Mensch behandelt, der delirirt [39]).

---

[39]) v. Liszt a. a. O. S. 97. 98.
Lammasch a. a. O. S. 305. 306.
Baumgarten a. a. O. S. 335. 336.

Dies wären meine wesentlichsten Unterlassungssünden. Schwerer aber wiegen meine Begehungssünden. Die Ueberzeugung nämlich, dass die Versuchslehre im engsten Zusammenhange mit der Causalitätslehre steht, hat mich veranlasst, auf das Gebiet der actuellen Causalität hinüberzutreten[40]). Die Excursion hat mir zwar nicht zur Erholung gereicht, allein sie hat mich doch derart gefesselt, dass mir der von mir aufgestellte Versuchsbegriff aus den Augen entschwunden ist. Die Folge davon war, dass ich zwei Missgriffe begangen habe, den einen dadurch, dass ich zu ihm nur vermittels eines Umweges, den anderen dadurch, dass ich zu ihm überhaupt nicht zurückgekehrt bin.

Was zunächst den Umweg anlangt, so bin ich insofern fehl gegangen, als ich die Abgrenzung zwischen Versuch und Mangel im Thatbestand auf dem Boden der actuellen Causalität vorgenommen habe.

Wäre ich auf dem der potentiellen Causalität, bei der abstrakten Charakteristik des Thatbestandes geblieben, so wäre ich ohne Weiteres zu folgenden drei, die ganze Lehre äusserst vereinfachenden Sätzen gelangt:

1. Entspricht die That der abstrakten Charakteristik, ohne dass dadurch der Thatbestand der Vollendung auch nur zum Theil verwirklicht wird, so liegt Versuch vor.
2. Entspricht die That der abstrakten Charakteristik und wird dadurch der Thatbestand der Vollendung theilweise verwirklicht, so liegt ein unvollendetes Verbrechen vor.
3. Entspricht die That der abstrakten Charakteristik nicht, so liegt Mangel im Thatbestand vor.

Hier hätte die Kritik einsetzen und mir vorhalten sollen, dass ich den Wald vor Bäumen nicht gesehen habe, dass ich in die Ferne gestreift bin, während ich bereits unmittelbar vor dem Ziele stand.

---

[40]) S. 488 fg.

Anlangend den zweiten Fehler, dessen ich mich anklage, so besteht er nicht, wie es leicht den Anschein haben könnte, darin, dass ich der aktuellen Causalität die potentielle, dem aktuellen Causalzusammenhang den potentiellen gegenüber gestellt habe. Denn damit habe ich nicht die Bildung eines möglichen Causalzusammenhanges mit der möglichen Bildung des Causalzusammenhanges verwechselt, sondern mich damit nur einer abgekürzten Ausdrucksweise befleissigt, um die Fähigkeit der Handlung, eine Folge hervorzurufen oder ihre Fähigkeit, die Bildung des Causalzusammenhanges herbeizuführen, zu bezeichnen. Der Fehler besteht vielmehr darin, dass ich dem conkreten Grund einen abstrakten, der conkreten Folge eine abstracte gegenüber gestellt und damit die Handlung, aus der sich eine Folge ergeben hat, in Gegensatz zu der, aus der sie sich ergeben konnte, die Folge, die aus ihr entsprungen ist, in Gegensatz zu der, die aus ihr entspringen konnte, gebracht und damit die Identität der Versuchshandlung mit der Consummationshandlung preisgegeben habe. Selbstredend hat dies seine nachtheilige Rückwirkung auf meine Versuchslehre ausgeübt. Denn dadurch, dass ich den wirklichen Grund und seine wirkliche Folge in Gegensatz zu einem möglichen Grund und seiner möglichen Folge gebracht hatte, war ich der Schlussfolgerung verfallen, dass man die objektive Seite des Versuches nicht nach ihrer wirklichen, sondern nach ihrer nur möglichen Beschaffenheit, nach dem Erfahrungssatze, den der Thäter zur Anwendung gebracht hatte, zu beurtheilen habe[41]. Fern liegt es mir, zur Beschönigung der darin liegenden Missgriffe auch nur ein Wort verlieren zu wollen. Insoweit hat vielmehr die Kritik sich gegen mich mit vollem Recht gewendet. Allein ich bin der Meinung, dass das Versehen, das ihr hierbei zur Last fällt, das meinige aufwiegt.

[41]) S. 553. S 419 fg. S. 363. Die Erklärung hierfür liegt darin, dass ich in meiner Versuchslehre den Satz „die Versuchshandlung ist identisch mit der Consummationshandlung" noch nicht in voller Schärfe aufgestellt hatte S. 363.

Anstatt nämlich zu untersuchen, ob man es hier mit einer falschen Folgerung aus einem richtigen Begriff oder mit einer richtigen Folgerung aus einem falschen Begriff zu thun habe, erklärte man den Umstand, dass ich mich nicht unfehlbar erwiesen, für ausreichend, das ceterum censeo über meine gesammte Lehre auszusprechen [42]). Auch dies hat meine Verwunderung nicht erregt. Denn eine Methode, welche aus Hang zur Tradition nicht untersucht, ob erhobene Angriffe gegen den herrschenden Versuchsbegriff begründet sind, sondern sich bestrebt, ihn dadurch zu retten, dass sie gegenüber allen Consequenzen, die er hervortreibt, nachsichtig ein Auge zudrückt, setzt ihre Arbeit nach dem Formular fort, wenn sie aus Abneigung gegen Neuerungen einen neu aufgestellten Begriff nicht prüft, sondern ihn dadurch zu beseitigen trachtet, dass sie gegen eine Folgerung, die irrig gezogen ist, unnachsichtig zu Felde zieht.

In der That handelt es sich hier nur um eine falsche Conklusion. Denn durch die Definition des Versuches, wie ich sie gegeben, war zugleich dessen objektive Seite genügend gekennzeichnet. Nur erläuternd, nicht ändernd hatte ich des Weiteren vorzugehen. Ich hätte zu dem Begriff, von dem ich ausgegangen war, zurückkehren müssen. Statt dies zu thun, bin ich derart von ihm abgeirrt, dass ich nunmehr an die Versuchshandlung Ansprüche stellte, von denen ich die Consummationshandlung verschont hatte.

Wäre ich mir hierüber genügend klar gewesen, so hätte ich mich auf drei Bemerkungen beschränkt, von denen die eine der Praxis, die zweite der Theorie, die dritte dem Gesetzgeber gegolten haben würde.

Die Praxis hätte ich darauf hingewiesen, dass der von mir aufgestellte Begriff an sie nicht Zumuthungen stellt, die sie von sich abzulehnen berechtigt wäre. Denn er verlangt

---

[42]) Lammasch: a. a. O. S. 309. 310.
v. Liszt: a. a. O. S. 101.
v. Buri: Gerichtssaal pro 1880 S. 350.
Baumgarten: a. a. O. S. 336.

von ihr nichts Anderes, als dass sie die Subsumtion der That beim Versuch unter den Obersatz der Strafvorschrift in der nämlichen Weise vornimmt, wie sie dies zu thun gewohnt und verpflichtet ist. Ist sie im Stande dies bei der Consummationshandlung zu leisten, so wird sie ihrer Aufgabe auch bei der Versuchshandlung gewachsen sein. Freilich werden Fälle an sie herantreten, in denen die Entscheidung eine recht schwierige und zweifelhafte sein mag, allein die Wissenschaft kann dem Richter die Sorge, die sein Beruf mit sich bringt, nicht abnehmen.

Damit wird zugleich die Praxis von der Aufgabe befreit, die ihr bisher die Doktrin, über den Rahmen ihrer Competenz hinausgehend, auferlegt hatte, indem die Einen an sie das Ansinnen stellten, sie solle sich in die Seele des Verbrechers vor der begangenen That hineinversetzen, um sich ein Urtheil über die Chancen des Gelingens und Misslingens zu bilden, die Anderen ihr zumutheten, sie solle dies nach der begangenen That thun, damit die „nachträgliche Prognose" die v. Liszt empfiehlt, nicht vernachlässigt werde.

Die Wissenschaft hätte ich bedeutet, dass ihr durch die Neuerung, die ich einführe, neue Pflichten nicht auferlegt werden: sie hat den Thatbestand der einzelnen Verbrechen zu untersuchen und der Praxis Direktiven zu geben, die ihr die Ausübung ihres schweren Amtes erleichtern.

Mit dem Thatbestand der einzelnen Delikte hätte sie sich zu befassen, nicht, um zu eruiren, ob die abstrakte oder concrete Charakteristik vorliegt — das wäre keine ihrer würdige Aufgabe — sondern um festzustellen, ob die eine oder andere Form zu Recht gewählt, die eine oder andere dem Willen des Gesetzes auch entsprechend ist. Ich habe mich dem bei zwei Delikten unterzogen, in meiner Versuchslehre beim Diebstahl[43]) und hier bei der intellektuellen Ur-

[43]) In dem Kapitel „Das Objekt beim Diebstahl" S. 447—459. Ich habe dies hier hauptsächlich aus dem Grunde hervorgehoben, um Einwenwendungen vorzubeugen, zu denen gerade der einfache Diebstahl Veranlassung bietet.

kundenfälschung, um zu zeigen, dass der Wortfassung entgegen dort der Thatbestand abstrakt, hier conkret beschrieben ist, so dass dort die Möglichkeit eines Versuches gegeben, hier ausgeschlossen ist. Aber damit ist noch lange nicht das gethan, was noch zu thun ist.

Die der Praxis zu gebenden Direktiven würden, soweit ich die Situation überschaue, vornehmlich in dem Hinweis bestehen, dass die conkrete That der abstrakten Charakteristik entspricht, wenn das Geschehene in Verbindung mit allen Umständen, die der Thäter in den Kreis seiner Berechnung gezogen hat und die an sich objektiv möglich waren, für geeignet zu erachten ist, die Folge hervorzurufen, um deren Verwirklichung es ihm zu thun war. Dabei wird sich der Richter zu vergegenwärtigen haben, dass das Gesetz abstrakte Normen aufstellt und damit das ganze Genus schützt, so dass der Umstand, dass bei der einen Species Begehungsweisen vorkommen, welche bei der anderen versagen müssen, der Subsumtion der That unter den Obersatz, der für die Versuchshandlung vorgeschrieben ist, nicht entgegensteht. Vielleicht wäre auch noch der Rath am Platze, dass die Subsumtion erleichtert wird, wenn man sich das objektive Moment, durch das in concreto die That sich als unwirksam erwiesen hat, hinwegdenkt. Mir wenigstens scheint hierin der Prüfstein für die richtige Beantwortung der Frage, auf die es hier allein ankommt, zu liegen: ob die That causalitätslos verlaufen musste, ob sie, so oft man sie auch wiederholen mag, nicht im Stande ist, die beabsichtigte Folge hervorzurufen, oder ob sie, wenn man von dem conkreten Hinderniss abstrahirt, in dem einen oder andern ganz gleich liegenden Falle sie hervorrufen könnte?

Als Compensationsobjekt für die ihr dadurch entstehende Mehrbelastung mag die Wissenschaft von ihrem Recht, die Entscheidung von Thatfragen, die Entscheidung der Schulfälle, mit denen der eine und andere Autor bisher sich und Andere gequält hat, abzulehnen, Gebrauch machen.

Den Gesetzgeber endlich würde ich daran erinnert haben,

dass er durch meine Neuerung die Machtvollkommenheit wiedererlangt, deren er sich bisher zum Theil entäussert hatte.

Denn wenn er es der Wissenschaft überlassen hat, zu entscheiden, ob die eine Art des Versuchs, über dessen Strafbarkeit er keine Bestimmungen getroffen hatte, strafbar sei, so hat er in Wahrheit das Recht der Gesetzgebung innerhalb der dadurch bedingten Schranken auf sie delegirt; damit hatte er der Praxis den Befehl ertheilt, zum Theil nach dem Strafgesetzbuch, zum Theil nach den Compendien des Strafrechts ihre Urtheile zu fällen.

Umgekehrt kann er sich darüber nicht beklagen, dass der von mir aufgestellte Begriff, da er das gesammte Gebiet der Möglichkeit umspannt, zu eng gefasst sei[44]).

Ich würde im Gegentheil über seine gewaltige Ausdehnung erschrecken, würde ich nicht sein Correktiv in den realen Lebensverhältnissen finden. Führen auch viele Wege nach Rom, so wird doch Niemand den einschlagen, der ihn nur durch ein Wunder an's Ziel führen könnte, und wollte er dies auch thun, so würden wir die Ernstlichkeit seiner Absicht in Zweifel ziehen.

Soviel von meiner Versuchslehre.

Vielleicht habe ich aber auch durch meinen Uebertritt auf das Gebiet der aktuellen Causalität nicht das Unheil angestiftet, das Lammasch mit dramatischer Lebhaftigkeit schildert[45]).

---

[44]) Von der Frage, ob und inwieweit der Gesetzgeber in den Fällen, in denen die völlige Freigebung der Strafbarkeit des untauglichen Versuches gegen das Rechtsbewusstsein verstossen würde, Specialdelikte zu bilden hat, sehe ich hier ab, cfr. hierüber meinen Aufsatz in Goltdammers Arch. pro 1880. S 383—386. Uebrigens habe ich auch schon in meiner Versuchslehre darauf hingewiesen, dass durch die Ausscheidung des s. g. untauglichen Versuches aus dem Begriff die Entscheidung über seine Strafbarkeit von einem anderen Gesichtspunkt aus noch nicht getroffen sei. S. 413—415.

[45]) a. a. O. S. 299 und 310. cf. hiergegen und über das Folgende namentlich den bedeutsamen Aufsatz von Birkmeyer: „Ueber Ursachenbegriff und Causalzusammenhang im Strafrecht“ im Gerichtssaal pro 1885 S. 257 fg.

Mir will es wenigstens scheinen, dass wir auch hier gegen auffällige Erscheinungen unser Auge verschliessen würden, wollten wir den Ursachenbegriff, wie er uns heut im Criminalrecht gelehrt wird, unbesehen in den Kauf nehmen.

Wenn Lammasch nach den umfassenden Studien, die er hierüber gemacht hat, zu dem Resultate gelangt, dass er der praktischen Brauchbarkeit ermangele, dass es ziemlich gleichgiltig sei, ob man ihn anwendet oder ignorirt, so würde mir die Bemerkung, dass das verschriebene Recept immerhin unschädlich sei, nicht zur Beruhigung dienen[46]. Hoc unum est pro tantum laboribus!

Der Widerspruch, dass die Praxis sich mit der Feststellung des Causalzusammenhanges befassen muss, während die Doktrin sie bedeutet, dass dies eine ganz unpraktische Beschäftigung sei, dass die Compendien des Strafrechts im allgemeinen Theil nahezu auf jeder Seite von ihm reden und die Wissenschaft dennoch erklärt, dass damit nichts Wesentliches besagt wird, wäre mir zu auffallend, als dass ich darüber mit einem Worte des Trostes hinwegkommen sollte. Der Unterschied, dass die Philosophie es nur mit der Spekulation zu thun hat, wir dagegen dadurch, dass wir vom Thatbestand der Verbrechen auszugehen haben, auf einer festen Basis fussen, scheint mir zu gewichtig, als dass ich es verantworten wollte, ihre Lehren ohne Weiteres auf das Criminalrecht zu übertragen. Werden wir doch dadurch gradezu auf den Punkt gestossen, der den rechtlich erheblichen Causalzusammenhang von dem rechtlich unerheblichen Weltzusammenhang scheidet.

Von dieser Erwägung ausgehend, habe ich meine Ansicht dahin ausgesprochen, dass unter den Antecedentien eines Erfolges zwar alle wesentlich, nicht aber alle wirksam sind[47]. Ich hätte mich vielleicht präciser dahin ausdrücken können, dass man zwischen Voraussetzungen und Bedingungen unter-

---

[46]) a. a. O. S. 270.

[47]) In meiner Versuchslehre S. 490—492.

scheiden müsse. Auffallend bleibt es mir, dass Lammasch von den vielen Beispielen, die ich hierfür angeführt, gerade das übergeht[48]), das ich für durchschlagend erachte.

Ich habe mir gesagt, und hierauf habe ich keine Antwort bekommen, dass man, wenn man alle Antecedentien indistincte für mitwirksam erklärt, zu dem Resultate gelangt, eine Einladungskarte für gleichwerthig mit dem Akt der Zeugung zu erachten[49]). Denn die Conklusion: Wäre ich von meinem Freunde nicht zu seiner Hochzeit eingeladen worden, so hätte ich meine Frau nicht kennen gelernt, hätte ich meine Frau nicht kennen gelernt, so hätte ich sie nicht geheirathet, hätte ich sie nicht geheirathet, so hätte ich mit ihr das Ehebett nicht bestiegen — ich bewege mich damit nicht in Trivialitäten, sondern in den höchsten Sphären der Wissenschaft — wäre hierzu ausreichend.

Damit taste ich nicht den Satz an, dass alle mitwirkenden Bedingungen gleichwerthig sind, sondern ich wende mich gegen den, dass ein Ereigniss, ohne das ein anderes nicht eingetreten wäre, für mitwirkend erklärt wird.

Nach meiner Meinung liegt die Sache so:[50]) Befassen wir uns mit einer That, mit der der Thatbestand eines Deliktes abschliesst, so hat für uns die Lehre über den Causalzusammenhang kein Interesse, es mag eine absolut wirkungslose oder eine absolut wirksame Handlung in Frage stehen; dort nicht, weil es an einem Objekt der Untersuchung fehlen, hier nicht, weil das untersuchte Objekt mit dem zu untersuchenden zusammenfallen würde. Demgemäss kämen hier nur die bedingt causalen Handlungen in Betracht. Die Causalitätslehre würde somit mit der Versuchslehre insoweit übereinstimmen, als dort wie hier nur die Handlungen, welche eine Folge hervorrufen können, von rechtlicher Relevanz wären. Unter Causalzusammenhang würden wir alsdann

---

[48]) a. a. O. S. 300.

[49]) a. a. O. S. 163.

[50]) cf. meine Versuchslehre S. 537—539.

den Zusammenhang zwischen einer bedingt wirksamen That und der ihr korrespondirenden Folge oder, wie ich mich in meiner Versuchslehre ausgedrückt habe, zwischen einem concreten Grund und seiner conkreten Folge zu verstehen haben.

Doch es ist hier nicht der Ort, in die Erörterung neuer Controversen einzutreten. Fürchte ich doch ohnehin durch die Besprechung derjenigen, mit denen uns der heutige Versuchsbegriff mit überschwenglicher Freigebigkeit beschenkt hat, die Geduld meiner Leser ermüdet zu haben.

Ich bin somit zu Ende, zu Ende mit meiner Anklage und mit meiner Vertheidigung, zu Ende mit dem, was ich für und gegen mich vorzubringen hatte. Und nunmehr mögen die Preisrichter, die nicht nur berufen, sondern auch auserkoren sind, darüber entscheiden, ob ich, wenn ich glauben sollte, mich mit meiner Versuchslehre am Festzug der Wissenschaft betheiligen zu dürfen, das herbe Schicksal verdienen würde, unter die Füsse der Elephanten zu gerathen. Die Verantwortung für das, wass ich gedacht habe, werde ich und muss ich tragen, aber ich würde es hart finden, wollte man mich dafür verantwortlich machen, dass ein Anderer nicht gedacht hat — quia noluit, quia non potuit: die Melodie der italienischen Praktiker, sie kommt mir nicht aus dem Sinn.

Buchdruckerei Maretzke & Märtin, Trebnitz in Schles.

Made in the USA
Monee, IL
04 November 2026

67388670R10056